Research on Economic Thought

经济思想史研究

主　　编 程恩富
王立胜
执行主编 周绍东

山东城市出版传媒集团·济南出版社

图书在版编目(CIP)数据

经济思想史研究.第5辑/程恩富,王立胜,周绍东主编.—济南:济南出版社,2022.10

ISBN 978-7-5488-5228-5

Ⅰ.①经… Ⅱ.①程… ②王… ③周… Ⅲ.①经济思想史—研究—世界 Ⅳ.①F091

中国版本图书馆CIP数据核字(2022)第187999号

出 版 人 田俊林
责任编辑 郑 敏
封面设计 侯文英 谭 正
出版发行 济南出版社
地　　址 山东省济南市二环南路1号(250002)
发行热线 0531-86131728 86922073 86131701
印　　刷 济南新科印务有限公司
版　　次 2022年10月第1版
印　　次 2022年10月第1次印刷
成品尺寸 185mm×260mm 16开
印　　张 10.25
字　　数 200千
定　　价 58.00元

《经济思想史研究》工作委员会

目　录

马克思主义经典作家关于社会主义生产关系建立的论述及其实践过程

张作云

摘要：社会主义生产关系的建立，是已经取得无产阶级革命胜利的国家及其政党，运用无产阶级的革命专政所进行的一场伟大而深刻的社会变革。从各国的实践来看，这场前无古人的社会变革无不经历了一个艰难、曲折而复杂的历史过程。它不仅要遵照马克思主义经典作家的教导，为社会主义生产关系的建立创造必要的前提和条件，而且还要与国际帝国主义的经济封锁和政治军事干涉进行艰苦卓绝的斗争；不仅面临着国内被打倒的剥削阶级尤其是资产阶级的破坏和反抗，而且还面临着国际共产主义运动中尤其是无产阶级政党内部各种机会主义派别及其思潮的干扰和反对。再者，已经建立起来的社会主义生产关系及其经济制度，还必然要有一个不断巩固、完善和发展的过程。但正反两方面的实践已经并将继续证明，社会主义生产关系及其经济制度所具有的强大的生命力和巨大的优越性是不容置疑和不可否定的。在这一问题上，任何历史虚无主义的观点和做法都是错误的。

关键词：社会主义生产关系　伟大而深刻的社会变革　强大的生命力　巨大的优越性　反对历史虚无主义

社会主义生产关系的建立，不仅是一个理论问题，而且也是一个实践问题。本文拟以马克思主义经典作家关于社会主义生产关系建立问题的论述为指导，联系以苏维埃俄国和中国为代表的社会主义国家的实践，对社会主义生产关系的建立问题进行探讨，以利于我们改革开放和全面建设社会主义现代化强国的伟大征程。

一、 马克思主义经典作家关于社会主义生产关系建立的论述

马克思主义经典作家关于社会主义生产关系建立问题的论述，不仅是全面的和深刻的，而且也是具体的。

首先，论述了人类社会生产关系的历史性、暂时性和过渡性。马克思在《哲学的贫困》中就明确指出："生产力在其中发展的那些关系，并不是永恒的规律，而是同人们及其生产力的一定发展相适应的东西，人们生产力的一切变化必然引起他们的生产关系的变化吗?"① "社会关系和生产力密切相联。随着新生产力的获得，人们改变自己的生产方式；随着生产方式即谋生方式的改变，人们也就会改变自己的一切社会关系。"② 在《雇佣劳动与资本》中，马克思又进一步指出："各个人借以进行生产的社会关系，即社会生产关系，是随着物质生产资料、生产力的变化和发展而变化和改变的。生产关系总合起来就构成所谓社会关系，构成所谓社会，并且是构成一个处于一定历史发展阶段上的社会，具有独特的特征的社会。"③ 在《资本论》中，马克思更是明确指出资本主义生产方式和生产关系所具有的历史的、暂时的和过渡的性质。他说："对资本主义生产方式的科学分析却证明：资本主义生产方式是一种特殊的、具有独特历史规定性的生产方式；它和任何其他一定的生产方式一样，把社会生产力及其发展形式的一定阶段作为自己的历史条件，而这个条件又是一个先行过程的历史结果和产物，并且是新的生产方式由以产生的现成基础；同这种独特的、历史规定的生产方式相适应的生产关系，——即人们在他们的社会生活过程中、在

① 马克思恩格斯选集：第1卷［M］. 北京：人民出版社，2012，233.
② 马克思恩格斯选集：第1卷［M］. 北京：人民出版社，2012，222.
③ 马克思恩格斯选集：第1卷［M］. 北京：人民出版社，2012，340.

他们的社会生活的生产中所处的各种关系，——具有独特的、历史的和暂时的性质。”① 马克思的上述论断告诉我们，既然资本主义生产方式和生产关系与其他任何社会的生产方式和生产关系一样，都是历史的、暂时的，具有从旧的落后的生产关系向新的先进的生产关系过渡的性质，那么，依据人类社会发展的客观规律，资本主义生产关系退出历史舞台，社会主义生产关系的产生和建立就是顺理成章和必然的。

其次，论述了社会主义生产关系产生的历史必然性。在《资本论》第一卷，马克思在分析资本主义积累一般规律的基础上，揭示了社会主义生产关系取代资本主义生产关系的历史必然性，他指出，“劳动者对他的生产资料的私有权，是小生产的基础”，“这种生产方式在奴隶制度、农奴制度以及其他从属关系中也是存在的”。一旦“靠自己劳动挣得的私有制，即以各个独立劳动者与其劳动条件相结合为基础的私有制，被资本主义私有制，即以剥削他人的但形式上是自由的劳动为基础的私有制所排挤”，“一旦这一转化过程使旧社会在深度和广度上充分瓦解，一旦劳动者转化为无产者，他们的劳动条件转化为资本，一旦资本主义生产方式站稳脚跟，劳动的进一步社会化，土地和其他生产资料的进一步转化为社会地使用的即公共的生产资料，从而对私有者的进一步剥夺，就会采取新的形式”②。这种新的形式就是“在资本主义时代的成就的基础上。也就是说，在协作和对土地及靠劳动本身生产的生产资料的共同占有的基础上，重新建立个人所有制”，即社会主义和共产主义的公有制。不仅如此，马克思还进一步描述了社会主义生产关系代替资本主义生产关系的具体过程。他说：“这种剥夺是通过资本主义生产本身的内在规律的作用，即通过资本的集中进行的。一个资本家打倒许多资本家。随着这种集中或少数资本家对多数资本家的剥夺，规模不断扩大的劳动过程的协作形式日益发展，科学日益被自觉地应用于技术方面，土地日益被有计划地利用，劳动资料日益转化为只能共同使用的劳动资料，一切生产资料因作为结合的、社会的、劳动的生产资料使用而日益节省，

① 马克思恩格斯选集：第2卷［M］. 北京：人民出版社，1995，581.

② 马克思恩格斯选集：第2卷［M］. 北京：人民出版社，2012，299.

各国人民日益被卷入世界市场网，从而资本主义制度日益具有国际的性质。随着那些掠夺和垄断这一转化过程的全部利益的资本巨头的不断减少，贫困、压迫、奴役、退化和剥削的程度不断加深，而日益壮大的、由资本主义生产过程本身的机制所训练、联合和组织起来的工人阶级的反抗也不断增长。资本的垄断成了与这种垄断一起并在这种垄断之下繁盛起来的生产方式的桎梏。生产资料的集中和劳动的社会化，达到了同它们的资本主义外壳不能相容的地步。这个外壳就要炸毁了。资本主义私有制的丧钟就要响了。剥夺者就要被剥夺了。”①

最后，马克思又运用生动活泼的辩证法的方法论，论述了这种剥夺的辩证发展的逻辑进程和必然的历史趋势。他满怀信心地说：“从资本主义生产方式产生的资本主义占有方式，从而资本主义的私有制，是对个人的、以自己劳动为基础的私有制的第一个否定。但资本主义生产由于自然过程的必然性，造成了对自身的否定。这是否定的否定。这种否定不是重新建立私有制，而是在资本主义时代的成就的基础上。也就是说，在协作和对土地及靠劳动本身生产的生产资料的共同占有的基础上，重新建立个人所有制。”② 为了防止资产阶级和小资产阶级的代表人物对这一历史进程进行歪曲，为了防止国际共产主义运动中的新老机会主义者、修正主义者对马克思这一论断进行阉割和篡改，恩格斯在《反杜林论》中对马克思的这一论断特别作了具体而明确的解释和界定。他说：“靠剥夺剥夺者而建立起来的状态，被称为重新建立个人所有制，然而是在土地和靠劳动本身生产的生产资料的社会所有制的基础上重新建立。对任何一个懂德语的人来说，这就是说，社会所有制涉及土地和其他生产资料，个人所有制涉及产品，也就是涉及消费品。为了使甚至六岁的儿童也能明白这一点，马克思在第56页设想了一个‘自由人联合体，他们用公共的生产资料进行劳动，并且自觉地把他们许多个人劳动力当作一个社会劳动力来使用’，也就是设想了一个按社会主义原则组织起来的联合体，还说：‘这个联合体的总产品是一个社会产品。这个产品的一部分重新用做生产资料，这一部分依旧是社会的。而另一

---

① 马克思恩格斯选集：第2卷［M］. 北京：人民出版社，2012，299.

② 马克思恩格斯选集：第2卷［M］. 北京：人民出版社，2012，299－300.

部分则作为生活资料由联合体成员消费。因此，这一部分要在他们之间进行分配。’”①

不仅如此，在《反杜林论》中，恩格斯还通过对资本主义社会基本矛盾，即生产的社会性与占有制的私人性之间的矛盾及其运动的分析，论证并揭示了社会主义取代资本主义的作用机制及其必然的历史过程。他首先指出了以往社会主义在对待这一问题上的非科学性，即“以往的社会主义固然批判了现存的资本主义生产方式及其后果，但是，它不能说明这个生产方式，因而也就不能对付这个生产方式；它只能简单地把它当作坏东西抛弃掉。但是，问题在于：一方面应当说明资本主义生产方式的历史联系和它在一定历史时期存在的必然性，从而说明它灭亡的必然性；另一方面应当揭露这种生产方式一直还隐蔽着的内在性质，因为以往的批判主要是针对有害的后果，而不是针对事物的进程本身。这已经由剩余价值的发现而完成了”。② “到现在为止，我们所掌握的有关经济科学的东西，几乎只限于资本主义生产方式的发生和发展：它从批判封建的生产形式和交换形式的残余开始，证明它们必然要被资本主义形式所代替，然后把资本主义生产方式和相应的交换形式的规律从肯定方面，即从促进一般的社会目的的方面来加以阐述，最后对资本主义的生产方式进行社会主义的批判，就是说，从否定方面来表述它的规律，证明这种生产方式由于它本身的发展，正在接近它使自己不可能再存在下去的境地。这一批判证明：资本主义的生产形式和交换形式日益成为生产本身所无法忍受的桎梏；这些形式所必然产生的分配方式造成了日益无法忍受的阶级状况，造成了人数越来越少但是越来越富的资本家和人数越来越多而总的说来处境越来越恶劣的一无所有的雇佣工人之间的日益尖锐的对立；最后，在资本主义生产方式内部所造成的、它自己不再能驾驭的大量的生产力，正在等待着为有计划地合作而组织起来的社会去占有，以便保证，并且在越来越大的程度上保证社会全体成员都拥有生存和自

① 马克思恩格斯选集：第3卷［M］. 北京：人民出版社，2012，509.

② 马克思恩格斯选集：第3卷［M］. 北京：人民出版社，2012，401－402.

由发展其才能的手段。”① 总之，以往的社会主义对资本主义灭亡并由社会主义所替代这一问题的论证，只说明应该和为什么，而未说明其中的作用机制及其过程的必然性。

在指出以往社会主义在分析批判资本主义生产方式问题上的缺失和不足之后，恩格斯便从分析资本主义社会的基本矛盾出发，进一步论证和阐明这一矛盾的运动，最终导致资本主义生产方式的解体和崩溃，社会主义生产方式产生并替代资本主义生产方式作用机制。首先，他分析和界定了资本主义社会基本矛盾的对抗性及其内在的规定性。他说：“但是，这些社会化的生产资料和产品还像从前一样仍被当作个人的生产资料和产品来处理。从前，劳动资料的占有者占有产品，因为这些产品通常是他自己的产品，别人的辅助劳动是一种例外；而现在，劳动资料的占有者还继续占有产品，虽然这些产品已经不是他的产品，而完全是别人劳动的产品了。这样，现在按社会化方式生产的产品已经不归那些真正使用生产资料和真正生产这些产品的人占有，而是归资本家占有。生产资料和生产实质上已经社会化了。但是，它们仍然服从于这样一种占有形式，这种占有形式是以个体的私人生产为前提，因而在这种形式下每个人都占有自己的产品并把这个产品拿到市场上去出卖。生产方式虽然已经消灭了这一占有形式的前提，但是它仍然服从于这一占有形式。赋予新的生产方式以资本主义性质的这一矛盾，已经包含着现代的一切冲突的萌芽。新的生产方式越是在一切有决定意义的生产部门和一切在经济上起决定作用的国家里占统治地位，并从而把个体生产排挤到无足轻重的残余地位，社会化生产和资本主义占有的不相容性，也必然越加鲜明地表现出来。”② 接着，他又分析了资本主义社会基本矛盾及其机制的运行过程，指出：“随着商品生产的发展，特别是随着资本主义生产方式的出现，以前潜伏着的商品生产规律也就越来越公开、越来越有力地发挥作用了。旧日的束缚已经松弛，旧日的壁障已经突破，生产者日益变为独立的、分散的商品生产者了。社会生产的无政府状态已经表现出来，并且越来

① 马克思恩格斯选集：第3卷［M］. 北京：人民出版社，2012，528－529.

② 马克思恩格斯选集：第3卷［M］. 北京：人民出版社，2012，801－802.

越走向极端。但是，资本主义生产方式用来加剧社会生产中的这种无政府状态的主要工具正是无政府状态的直接对立物：每一单个生产企业中的生产作为社会化生产所具有的日益加强的组织性。资本主义生产方式利用这一杠杆结束了旧日的和平的稳定状态。它在哪一个工业部门被采用，就不容许任何旧的生产方法在那里和它并存。它在哪里控制了手工业，就把那里的旧的手工业消灭掉。劳动场地变成了战场。伟大的地理发现以及随之而来的殖民地的开拓使销售市场扩大了许多倍，并且加速了手工业向工场手工业的转化。斗争不仅爆发于地方的各个生产者之间；地方性的斗争又发展为全国性的，发展为17 世纪和18 世纪的商业战争。最后，大工业和世界市场的形成使这个斗争成为普遍的，同时使它具有了空前的剧烈性。在资本家和资本家之间，在工业部门和工业部门之间，以及国家和国家之间，生死存亡都取决于天然的或人为的生产条件的优劣。失败者被无情地淘汰掉，这是从自然界加倍疯狂地搬到社会中来的达尔文的个体生存斗争。动物的自然状态竟表现为人类发展的顶点。社会化生产和资本主义占有之间的矛盾表现为个别工厂中生产的组织性和整个社会中生产的无政府状态之间的对立。”① “我们已经看到，现代机器的已经达到极高程度的改进的可能性，怎样由于社会中的生产无政府状态而变成一种迫使各个工业资本家不断改进自己的机器、不断提高机器的生产能力的强制性命令。对资本家来说，扩大自己的生产规模的单纯的实际可能性也变成了同样的强制性命令。大工业的巨大的扩张力——气体的膨胀力同它相比简直是儿戏——现在在我们面前表现为不顾任何反作用力而在质量上和数量上进行扩张的需要。这种反作用力是由大工业产品的消费、销路、市场形成的。但是，市场向广度和深度扩张的能力首先是受完全不同的、力量弱得多的规律支配的。市场的扩张赶不上生产的扩张。冲突成为不可避免的了，而且，因为它在把资本主义生产方式本身炸毁以前不能使矛盾得到解决，所以它就成为周期性的了。资本主义生产造成了新的‘恶性循环’。”② “从 1825 年以来，这种情况我们已经历了整整五次，目前

① 马克思恩格斯选集：第 3 卷［M］. 北京：人民出版社，2012，804.

② 马克思恩格斯选集：第 3 卷［M］. 北京：人民出版社，2012，663.

（1877）正经历着第六次。”① “在危机中，社会化生产和资本主义占有之间的矛盾剧烈地爆发出来。商品流通暂时停顿下来；流通手段，即货币成为流通的障碍；商品生产和商品流通的一切规律都颠倒过来了。经济的冲突达到了顶点：生产方式起来反对交换方式，生产力起来反对已经被它超过的生产方式。”② 这样，资本主义社会基本矛盾运动的结果正如马克思所说：“资产阶级的生产，由于它本身的内在规律，一方面不得不这样发展生产力，就好像它不是在一个有限的社会基础上的生产；另一方面它又毕竟只能在这种局限性的范围内发展生产力——这种情况是危机的最深刻、最隐秘的原因，是在危机中爆发的种种矛盾的最深刻、最隐秘的原因，资产阶级的生产就是在这些矛盾中运动，这些矛盾即使粗略地看，也表明资产阶级生产只是历史的过渡形式。”③ 恩格斯最后指出了解决这一矛盾的基本线索和办法：“这种解决只能是在事实上承认现代生产力的社会本性，因而也就是使生产、占有和交换的方式同生产资料的社会性质相适应。而要实现这一点，只有由社会公开地和直接地占有已经发展到除了适于社会管理之外不适于任何其他管理的生产力。”④ 到那时，“社会的生产无政府状态就让位于按照社会总体和每个成员的需要对生产进行的社会的有计划的调节。那时，资本主义的占有方式，即产品起初奴役生产者而后又奴役占有者的占有方式，就让位于那种以现代生产资料的本性为基础的产品占有方式：一方面由社会直接占有，作为维持和扩大生产的资料；另一方面由个人直接占有，作为生活资料和享受资料”。⑤ 恩格斯所交代的解决资本主义社会基本矛盾的基本线索和办法及其所呈现出来的，正是在我们面前已经实现并通过努力巩固和发展的社会主义生产关系及其优越性的图景。恩格斯从分析资本主义社会基本矛盾及其运动出发得出的这一结论，充分揭示和展现了社会主义生产关系产生的历史必然性。

---

① 马克思恩格斯选集：第3卷［M］．北京：人民出版社，2012，807.

② 马克思恩格斯选集：第3卷［M］．北京：人民出版社，2012，664.

③ 马克思恩格斯全集：第35卷［M］．北京：人民出版社，2012，88.

④ 马克思恩格斯选集：第3卷［M］．北京：人民出版社，2012，811.

⑤ 马克思恩格斯选集：第3卷［M］．北京：人民出版社，2012，811－812.

列宁依据20世纪初期变化了的资本主义垄断阶段的新情况和新特点，更进一步深刻而具体地论证了社会主义代替资本主义和社会主义生产关系建立的历史必然性。他在《卡尔·马克思》中指出："劳动社会化通过无数种形式日益迅速地向前发展，在马克思去世后的半个世纪以来，特别明显地表现在大生产与资本家的卡特尔、辛迪加和托拉斯的增长以及金融资本的规模和势力的巨大增长上，——这就是社会主义必然到来的主要物质基础。这个转变的思想上精神上的推动者和实际上的执行者，就是资本主义本身培养的无产阶级。表现于多种多样和内容日益丰富的形式的无产阶级反对资产阶级的斗争，必然要成为以无产阶级夺取政权（'无产阶级专政'）为目标的政治斗争。生产社会化不能不导致生产资料转变为社会所有，导致'剥夺者被剥夺'。"① 列宁得出结论，说马克思关于"资本主义社会必然要转变为社会主义社会这个结论"，"完全是从现代社会的经济的运动规律得出的"，具有无上科学性和真理性。②

长期以来，在国内外理论界，有一种观点认为，社会主义生产关系是在资本主义社会内部自发地形成和产生的。对于这种观点，马克思主义经典作家从不同方面进行了驳斥和澄清。首先，恩格斯认为，社会主义生产关系是在废除资本主义私有制之后建立起来的。他说："由于大工业的发展，第一，产生了空前大规模的资本和生产力，并且具备了能在短时期内无限提高这些生产力的手段；第二，生产力集中在少数资产者手里，而广大人民群众越来越变成无产者，资产者的财富越增加，无产者的境遇就越悲惨和难以忍受；第三，这种强大的、容易增长的生产力，已经发展到私有制和资产者远远不能驾驭的程度，以致经常引起社会制度极其剧烈的震荡。只有这时废除私有制才不仅可能，甚至完全必要。"③ 列宁通过对资产阶级革命和社会主义革命的区别的分析，明确指出"社会主义革命和资产阶级革命的区别就在于：在资产阶级革命时已经存在资本主义关系的现成形式，而苏维埃政权，即无产阶级政权，却没有这样现成的关

---

① 列宁选集：第2卷［M］. 北京：人民出版社，2012，439.

② 列宁选集：第2卷［M］. 北京：人民出版社，2012，439.

③ 马克思恩格斯选集：第1卷［M］. 北京：人民出版社，2012，303-304.

系，有的仅是那些实际上只包括一小部分高度集中的工业而很少触及农业的最发达的资本主义形式。组织计算，监督各大企业，把全部国家经济机构变成一架大机器，变成一个使亿万人都遵照一个计划工作的经济机体，——这就是落在我们肩上的巨大组织任务。”① 他还指出“资产阶级革命和社会主义革命的基本区别之一就在于：对于从封建制度中生长起来的资产阶级革命来说，还在旧制度内部，新的经济组织就逐渐形成起来，逐渐改变着封建社会的一切方面。资产阶级革命面前只有一个任务，就是扫除，摒弃，破坏旧社会的一切桎梏。任何资产阶级革命完成了这个任务，也就是完成了它所应做的一切，即加强资本主义的发展”。“社会主义革命的情况却完全不同。由于历史进程的曲折而不得不开始社会主义革命的那个国家愈落后，它由旧的资本主义关系过渡到社会主义关系就愈困难。这里除破坏任务以外，还加上了一些空前困难的新任务，即组织任务。”② 斯大林在分析无产阶级革命和资产阶级革命的区别时，对这一问题表述得更加直接和具体，他说这“就是摆在任何社会主义革命面前的内部组织任务。社会主义革命和资产阶级革命的区别就在于：在资产阶级革命时已经存在资本主义关系的现成形式”。“资产阶级革命的基本任务是夺取政权，并使政权适合于已有的资产阶级的经济；无产阶级革命的基本任务却是在夺取政权以后建设新的社会主义经济。”“资产阶级革命通常是以夺取政权来完成的；对于无产阶级革命，夺取政权却只是革命的开始，并且政权是用作改造旧经济和组织新经济的杠杆。”③ 他还在晚年完成的《苏联社会主义经济问题》中进一步强调：“由于国内没有任何现成的社会主义经济的萌芽，苏维埃政权必须在所谓‘空地’上创造新的社会主义的经济形式。”④

关于社会主义生产关系建立的物质基础问题，马克思主义经典作家也作了全面而具体的论述。这里涉及两个方面的问题：第一，社会主义生产关系的物质基础是什么？第二，社会主义生产关系是否应该或者能否在一国或者在经济

① 列宁选集：第3卷［M］. 北京：人民出版社，2012，437.

② 列宁选集：第3卷［M］. 北京：人民出版社，2012，436.

③ 斯大林选集：上卷［M］. 北京：人民出版社，1979，403.

④ 斯大林文集［M］. 北京：人民出版社，1985，601.

文化相对落后的国家建成并得到巩固和发展？关于第一个问题，恩格斯在《共产主义信条草案》中指出，社会主义的公有制是“建立在因发展工业、农业、贸易和殖民而产生的大量的生产力和生活资料的基础之上，建立在因使用机器、化学方法和其他辅助手段而使生产力和生活资料无限增长的可能性的基础之上”。[①] 列宁更明确而具体地指出：“大工业是向社会主义过渡的基础。”[②]“社会主义的物质基础只能是同时也能改造农业的大机器工业。”[③]“我还必须再一次着重指出，大机器工业是社会主义唯一可能的经济基础，谁忘记这一点，谁就不是共产主义者。”[④] 至于在一个国家或在一个经济文化相对落后的国家是否应该进行社会主义革命，建立起社会主义生产关系，并进行社会主义建设，马克思主义经典作家作了明确而具体的回答。马克思恩格斯早在《德意志意识形态》中就指出：“按照我们的观点，一切历史冲突都根源于生产力和交往形式之间的矛盾。”“同工业比较发达的国家进行广泛的国际交往所引起的竞争，就足以使工业比较不发达的国家内产生类似的矛盾（例如，英国工业的竞争使德国潜在的无产阶级显露出来了）”，因此，“不一定非要等到这种矛盾在某一国家发展到极端尖锐的地步”。[⑤] 恩格斯晚年在《德法农民问题》中又重申了这一看法：“我们无须等到资本主义生产发展的后果到处都以极端形式表现出来的时候，等到最后一个小手工业者和最后一个小农都完全变成资本主义生产的牺牲品的时候，才来实现这个变革。”[⑥] 列宁依据20世纪初期第一次世界大战后国际经济政治发展的新特点，更是作了进一步具体而明确的论述。针对当时流行的“正在争取解放，而战后已经有了进步运动的落后民族，国民经济的资本主义发展阶段是不可避免”的说法，他明确指出：“我们对这个问题的回答是否定的。如果胜利了的革命无产阶级对落后民族进行系统的宣传，而各苏维埃政府以其所拥

① 马克思恩格斯全集：第42卷［M］. 北京：人民出版社，1979，373.

② 列宁选集：第4卷［M］. 北京：人民出版社，2012，72.

③ 列宁选集：第4卷［M］. 北京：人民出版社，2012，542.

④ 列宁全集：第42卷［M］. 北京：人民出版社，2017，57.

⑤ 马克思恩格斯选集：第1卷［M］. 北京：人民出版社，2012，196.

⑥ 马克思恩格斯选集：第4卷［M］. 北京：人民出版社，2012，372.

有的一切手段去帮助他们，那么，说落后民族无法避免资本主义发展阶段就不对了。在一切殖民地和落后国家，我们不仅应该组成能够独立进行斗争的基干队伍，即党的组织，不仅应该立即宣传组织农民苏维埃并使这种苏维埃适应资本主义前的条件，而且共产国际还应该指出，还应该从理论上说明，在先进国家无产阶级的帮助下，落后国家可以不经过资本主义发展阶段而过渡到苏维埃制度，然后经过一定的发展阶段过渡到共产主义。"① 在《论我国革命》中，列宁在批判俄国小资产阶级民主派以俄国"还没有成长到实现社会主义的地步，还没有实现社会主义的客观经济前提"为由，否定俄国进行社会主义革命，建立社会主义生产关系的可能性的论调时，以反问的口气指出，"既然建设社会主义需要有一定的文化水平"，"我们为什么不能首先用革命的手段取得达到这个一定水平的前提，然后在工农政权和苏维埃制度的基础上追上别国的人民呢"?② 毛泽东在《读社会主义政治经济学批注和谈话》中，针对教科书中关于"发展大工业是对经济进行社会主义改造的基础"的论点指出："这里讲发展大工业是对经济进行社会主义改造的基础，说的不完全。一切革命的历史都说明，并不是先有充分发展的新生产力，然后才改造落后的生产关系，而是要首先造成舆论，进行革命，夺取政权，才有可能消灭旧的生产关系。消灭了旧的生产关系，确立了新的生产关系，这样就为新的生产力的发展开辟了道路。"③ 毛泽东还结合苏联、东欧一些国家的社会主义建设实践，阐明了工业化与建立社会主义生产关系的关系，他说："对于东欧这些国家来说，他们和我们一样，都有强大的社会主义阵营存在，有苏联这样高度发展的工业国家的援助这样两个条件，为什么不能在工业化实现以前完成所有制方面（包括农村在内）的社会主义改造呢?""其实，在工业化以前就在所有制方面取得胜利，并不是什么'特殊条件下'才有的事情。苏联也是先解决了所有制的问题，然后才实现工业化的。"④ 毛泽东还结合世界历史，进一步论证了先变革生产关系而后实现工业化的道路

---

① 列宁选集：第4卷［M］. 北京：人民出版社，2012，279.

② 列宁选集：第4卷［M］. 北京：人民出版社，2012：777.

③ 毛泽东. 读社会主义政治经济学批注和谈话：上册［M］. 中华人民共和国国史学会，1998，170.

④ 毛泽东. 读社会主义政治经济学批注和谈话：上册［M］. 中华人民共和国国史学会，1998，297.

的道理。他指出："从世界的历史来看，资产阶级工业革命，不是在资产阶级建立自己的国家以前，而是在这以后；资本主义的生产关系的大发展，也不是在上层建筑革命以前，而是在这以后。都是先把上层建筑改变了，生产关系搞好了，上了轨道了，才为生产力的大发展开辟了道路，为物质基础的增强准备了条件。当然，生产关系的革命，是生产力的一定发展所引起的。但是，生产力的大发展，总是在生产关系改变以后。拿资本主义的发展历史来说，正如马克思所说的，简单的协作就创造了一种生产力。手工工场就是这样一种简单协作，在这种协作的基础上，就产生了资本主义发展第一阶段的生产关系。手工工场是非机器生产的资本主义。这种资本主义生产关系产生了一种改进技术的需要，为采用机器开辟了道路。在英国，是资产阶级革命（17 世纪）以后，才进行工业革命（18 世纪末到 19 世纪初）。法国、德国、美国、日本，都是经过不同的形式，改变了上层建筑、生产关系之后，资本主义工业才大大发展起来。"① 毛泽东最后总结说："首先制造舆论，夺取政权，然后解决所有制问题，再大大发展生产力，这是一个规律。在无产阶级革命夺取政权以前，不存在社会主义的生产关系，而资本主义的生产关系，在封建社会中已经初步成长起来。在这点上，无产阶级革命和资产阶级革命有所不同。但是，这个一般规律，对无产阶级革命和资产阶级革命都是适用的，基本上是一致的。"② 毛泽东在分析人类社会基本矛盾运动时，进一步从理论上对这一规律发生作用的条件和依据作了说明。他说："诚然，生产力、实践、经济基础，一般表现为主要的决定的作用，谁不承认这一点，谁就绝不是唯物论者。然而，生产关系、理论、上层建筑这些方面，在一定条件之下，又反转过来表现为主要的决定的作用。这也是必须承认的。当不变更生产关系，生产力就不能发展的时候，生产关系的变更就起了主要的决定的作用。"③

最后，马克思主义经典作家还阐明了社会主义生产关系建立的首要前提和

① 毛泽东. 读社会主义政治经济学批注和谈话：上册［M］. 中华人民共和国国史学会，1998，297 - 298.

② 毛泽东. 读社会主义政治经济学批注和谈话：上册［M］. 中华人民共和国国史学会，1998，298.

③ 毛泽东选集：第 1 卷［M］. 人民出版社，1991，325 - 326.

必经道路。早在1847年10月，恩格斯就指出："在所有的文明国家，民主主义的必然结果都是无产阶级的政治统治，而无产阶级的政治统治又是实行一切共产主义措施的首要前提。"① 1848年1月，他又与马克思在《共产党宣言》中重申："无产阶级的政治统治"，"至少是各文明国家的联合的行动，是无产阶级获得解放的首要条件之一"。② "工人革命的第一步就是使无产阶级上升为统治阶级"，然后，"无产阶级将利用自己的政治统治，一步一步地夺取资产阶级的全部资本，把一切生产工具集中在国家即组织成为统治阶级的无产阶级手里，并且尽可能快地增加生产力的总量"。③ 在《纪念国际成立七周年》中，马克思又进一步指出："必须实行无产阶级专政才有可能实现这种变更，而无产阶级专政的首要条件就是无产阶级的军队。工人阶级必须在战场上争得自身解放的权利。"列宁在《俄国社会民主工党纲领草案》中也指出："工人阶级要获得真正的解放，必须进行资本主义全部发展所准备起来的社会革命，即消灭生产资料私有制，把它们变为公有财产，组织由整个社会承担的社会主义的产品生产代替资本主义商品生产，以保证社会全体成员的福利和自由的全面发展。"然而，"要完成这个社会变革，无产阶级应当夺取政权"，"从这个意义上说来，无产阶级专政是社会主义革命的必要政治条件"。列宁在《被旧事物的破灭吓坏了的人们和为新事物而奋斗的人们》中，更明确地指出："社会主义是在最激烈的、最尖锐的、你死我活的阶级斗争和内战的进程中成长起来的；在资本主义和社会主义之间有一段很长的'阵痛'时期；暴力永远是替旧社会接生的助产婆。"在《预言》中，他进一步强调说："历史上从来没有过一次不经过国内战争的大革命，并且也没有一个真正的马克思主义者会认为不经过国内战争就能从资本主义过渡到社会主义。"

总之，马克思主义经典作家告诉我们：资产阶级的灭亡和无产阶级的胜利，是不以人的意志为转移的客观规律。社会主义生产关系代替资本主义生产关系

---

① 马克思恩格斯选集：第1卷［M］. 北京：人民出版社，2012，258.

② 马克思恩格斯选集：第1卷［M］. 北京：人民出版社，2012，419.

③ 马克思恩格斯选集：第1卷［M］. 北京：人民出版社，2012，421.

具有历史必然性。但是，规律只能反映历史发展的必然趋势和客观可能性，而要使可能变为现实，还必须具备一定的前提和条件。马克思主义经典作家的以上论述，不仅揭示了人类社会生产关系发展的客观规律，论证了社会主义代替资本主义的客观必然性，而且也阐明了社会主义生产关系及其经济制度建立的首要前提、必要条件和基本路径。他们的这些论述，为取得革命胜利的无产阶级及其政党进一步进行伟大的社会变革，建立社会主义生产关系及其经济制度，指明了方向，提供了思想武器，奠定了成功的理论基础。

二、 社会主义生产关系建立的实践过程及其基本特点

建立社会主义生产关系，是取得革命胜利的无产阶级及其政党，运用无产阶级的革命专政所进行的一场伟大而深刻的社会变革。然而，从各国的实践来看，他们所进行的这场社会变革并不是轻而易举的，而是都经历了艰难、复杂而曲折的历史过程。

从苏维埃俄国的实践来看，在十月社会主义革命胜利不久，列宁就提出了进行生产关系的变革、向社会主义过渡的规划。但由于国内战争爆发和外国的武装干涉，原来设想的改造旧经济、向社会主义过渡的规划不得不停止，而改行战时共产主义政策，即实行余粮收集制，禁止私人贸易，经济上实行实物管制、对资本家实行剥夺、加速国有化进程等政策。直到 1921 年春，由于外国武装干涉被粉碎，国内战争取得了决定性的胜利，也由于市场遭到破坏，物资供应短缺，国民经济面临极大困难而亟待全面恢复，遂转而实行新经济政策。依据列宁的思路，新经济政策大体包括以下内容：由国家掌握经济命脉，以粮食税代替余粮收集制，促进农业恢复和发展；允许中小资本主义企业存在，促进城乡经济交流；吸引私人资本，发展国家资本主义，在国家管理下，开展生产经营活动。其中的核心内容和重要之点在于粮食税代替余粮收集制；利用市场作用促进城乡经济交流，恢复和发展国民经济。新经济政策的实施使苏维埃俄国迅速恢复了国民经济，摆脱了经济困境，政治形势迅速好转。于是，列宁在

1922年11月莫斯科苏维埃全会上满怀信心地说："社会主义现在已经不是一个遥远的将来，或者什么抽象图景，或者什么圣像的问题了。""我们把社会主义拖进了日常生活，我们应当弄清这一点。这就是我们当前的任务，这就是我们当今时代的任务。""新经济政策的俄国将变成社会主义的俄国。"[①] 从此，苏维埃俄国便由于国民经济恢复任务的完成，进入了社会主义建设的新的历史时期。

1924年1月，列宁逝世。斯大林继承列宁的遗志，在无所借鉴的情况下，依据马克思、恩格斯和列宁提出的一系列设想，结合当时俄国国情和国际经济政治发展的新形势、新特点，领导苏联人民踏上了社会主义建设的征程。1925年2月，联共（布）十四大提出了社会主义工业化的总方针。1927年12月，联共（布）十五大通过了关于农业集体化的决议。然而，随着社会主义工业化、农业集体化和社会主义建设的逐步深入，联共（布）党内产生了严重的意见分歧。关于工业化问题，以托洛茨基为代表的"左倾"反对派认为，工业化建设必须以工业为中心，以国营工业的利益为准绳。新经济政策只是缓解战时共产主义政策造成的危机而采取的权宜之计。如果继续实行新经济政策，国家就会走向资本主义。要避免这种危险，就应该消灭私人资本，实行计划经济。同时，在各条战线开展反对资本主义的斗争，实现社会主义的"工业专政"。后来，又提出通过国民收入再分配，积累资金、推动工业化高速发展的"超工业化理论"。[②] 以布哈林为代表的"右倾"反对派则认为，向社会主义发展是在工人阶级夺取政权以后开始的，而工人阶级得到的是资本主义制度给他们留下的遗产，由于经济落后而形成的特殊的民族面貌，俄国企图沿袭过去战争年代阶级斗争的经验，通过纯粹的暴力措施来完成向社会主义过渡的任务是不可能的。"这是一个长期的有机过程，严格地说，是真正长入社会主义的过程。""应当把工作重心从阶级斗争转向经济文化建设，应当大力发展农村经济，加速农民经济的发展，迅速扩大市场容量，为工业的持续、高速、健康发展创造前提条件。""社会主义的这种发展速度将非常缓慢，我们将以乌龟速度爬行，但我们终究在

① 列宁选集：第4卷［M］. 北京：人民出版社，2012，738.

② 顾海良，梅荣政. 马克思主义发展史［M］. 中国人民大学出版社，2009，315－316.

建设社会主义，并且我们定将建成。”①

斯大林结合当时国内外的实际情况，对上述两种理论进行了严厉驳斥和批判。针对托洛茨基等人的“工业专政”和“超工业化”理论，斯大林指出，托洛茨基的“工业化”理论，是与战胜国内日益增长的小资产阶级自发势力联系在一起的。他不相信在新经济政策时期富裕起来的农民和小资产阶级具有与工人阶级一起走向社会主义道路的可能性和积极性，把农民和小资产阶级与私人资本主义势力相等同，混淆阶级阵线，把与私人资本主义势力的斗争扩大化。在建设资金问题上，托洛茨基等人把通过新经济政策刚刚富裕起来的农民与农村的富农一样看待，都视为“剥夺”的对象，必然会破坏刚刚建立起来的“工农联盟”的稳定，破坏这一抵御资本主义进攻的坚固堡垒，危及新生的苏维埃政权。针对布哈林等人的“和平长入社会主义”和“缓慢爬行”理论，斯大林指出，布哈林的主张仅仅是从经济学的角度提出和分析问题，不仅书生气十足，而且离现实太远。在世界大战在即、局部战争频发的局势下，刚刚走出国内外战争阴影但仍然处于帝国主义重重包围的苏联，若不在短期内迅速发展和壮大自己，增强抵御侵略战争的能力，十月革命和社会主义革命的胜利果实就会得而复失，就等于自取灭亡。列宁早在 1921 年就批评过布哈林，说布哈林把从政治上看问题与从经济上看问题等同起来，似乎面面俱到，但在方法论上却是折衷主义，在政治上则是机会主义和修正主义。②

在农业集体化问题上，以布哈林为代表的“右倾”反对派认为，粮食收购的困难是由政府机构的“过火行为”造成的。这种“过火行为”不仅打击了富农而且也打击了中农，是战时共产主义时期“余粮收集制”政策的继续。解决粮食困难，只能通过提高粮食收购价格，加速发展轻工业来进行。对于斯大林关于消灭富农经济，加速发展农业集体化的主张，布哈林认为，列宁制定的新经济政策的作用并未得到充分发挥，它所提供的广阔市场不仅可以发展社会主义企业（包括合作社经济），而且也可以为某些资本主义成分提供发展机会。他

① 顾海良，梅荣政．马克思主义发展史［M］．中国人民大学出版社，2009，316－317.

② 顾海良，梅荣政．马克思主义发展史［M］．中国人民大学出版社，2009，317－319.

还认为，在近期消灭资本主义的某些成分是不可能的。只有在遥远的将来，在社会主义充分发展之时，才能办到。在现阶段，应该利用经济手段，通过自由竞争，而不是通过行政手段去限制、排挤或消灭城乡资本主义成分。布哈林强调，在开展农业集体化过程中，应把发展集体农庄、国营农场与发展农村个体经济结合起来。斯大林认为，布哈林的上述主张是“替富农阶级的反动行为进行辩护，维护富农阶级利益”的右倾机会主义路线在党内的反映，必须予以驳斥和批判。①

在批判以托洛茨基和布哈林为代表的“左”右倾机会主义理论之后，斯大林便领导苏联人民开始了人类历史上前无古人的伟大的社会变革——社会主义生产关系的建设工程。首先他遵照列宁的遗愿，在剥夺大资产阶级手中的生产资料，把各部门的大工业收归国有，控制国民经济命脉，建立社会主义全民所有制经济的基础上，准备运用赎买的办法，通过国家资本主义，对中小资本进行社会主义改造，引导他们走向社会主义。但是，由于资本家拒绝接受改造，且与国内外反动势力相互勾结，发动叛乱，妄图颠覆新生的无产阶级政权，于是斯大林便断然采取措施，对他们实行剥夺，完成资本主义工商业的社会主义改造，使之转变为社会主义全民所有制经济。与此同时，在广大农村，也开展了轰轰烈烈的农村集体化运动。1924 年，斯大林在《论列宁主义基础》中，从苏维埃俄国的实际出发，论证了苏联小农经济走合作社道路的必然性；1927 年，斯大林主持召开了联共（布）十五大，通过了关于农业集体化的决议，提出把小农经济改造成为社会主义大农业的基本任务；1928 年底，斯大林在《论苏联土地政策的几个问题》的演说中，宣布了在消灭富农经济的基础上对农业进行社会主义改造，实现农业集体化的具体途径和政策；1929 年 4 月，斯大林在《联共（布）党的右倾》的演说中，向全国发出开展建立集体农庄和国营农场群众运动的号召；1930 年，农业集体化运动进入高潮；1939 年，社会主义农业集体经济的组织体系形成。之后，在社会主义建设实践中，又通过不断总结经验、

① 中国人民大学马列主义发展史研究所. 马克思主义史：第 3 卷［M］. 北京：人民出版社，1996，403－405.

改进、完善和发展，最终形成了具有苏联特色并具有一定普遍意义的社会主义生产关系和经济制度模式。①

我国社会主义生产关系的建立也不是一帆风顺的，也历经了诸多磨难和曲折。中华人民共和国的成立不仅标志着几千年来的封建社会尤其是近代以来屈辱而贫弱的半殖民地半封建社会的结束和中国共产党领导的新民主主义革命的胜利，而且也标志着以马克思列宁主义为指导的社会主义革命的开始。然而，在我们刚刚成立的新中国面前，开始进行社会主义革命和社会主义现代化建设，谈何容易！这是因为，当时严峻的国内外形势向我们提出了非常紧迫而又亟待解决的问题。诸如：我们新生的人民政权能否站稳脚跟，无数革命先烈经过流血牺牲，通过斗争得来的民族独立能否得到巩固，国民党反动派留下的千疮百孔的国民经济能否在短期内得到恢复和发展，领导革命胜利的中国共产党人在各种剥削阶级思想的包围下能否经得住执政地位的考验，等等。

然而，事实胜于雄辩。新中国刚刚成立，我们就在以毛泽东同志为核心的党中央的领导下，通过没收官僚资本，建立社会主义国营经济，掌握了国民经济命脉。同时我们还通过统一全国财政收支，动员全国物力和财力，运用市场规律，制止了资产阶级和不法商人掀起的通货膨胀，取得了社会主义经济与资本主义经济争夺领导权斗争的首场胜利，稳定了物价，安定了人民生活。在经济社会稳定的同时，我们又开展了土地改革、镇压反革命、抗美援朝、“三反”“五反”运动，利用三年的时间，恢复了国民经济，巩固了人民政权，创造了相对稳定的国际环境，为进行大规模的经济建设和对生产资料私有制的社会主义改造，建立社会主义生产关系及其经济制度，提供了必要前提。

1953 年，在毛泽东同志的提议和主持下，我们制定了党在过渡时期的总路线，要求“在一个相当长的时期内，基本上实现国家工业化和对农业、手工业、资本主义工商业的社会主义改造”。② 之后，又结合我国国情，借鉴苏联社会主义革命和建设的经验和教训，在与党内“左”右倾错误思想斗争的同时，有计

---

① 中国人民大学马列主义发展史研究所. 马克思主义史：第 3 卷［M］. 北京：人民出版社，1996，411 -413.

② 中央文献研究室. 建国以来毛泽东文稿：第 4 册［M］. 中央文献出版社，1990，405.

划、有步骤地展开了对农业、手工业和资本主义工商业的社会主义改造，开始了建立社会主义生产关系及其经济制度的宏伟工程。

首先，在遵循“自愿、互助”的原则下，引导农民开展互助合作，走合作化的道路。先组织个体农民成立互助组，在生产资料私有、个体经营的基础上，集体劳动，对牲畜、农具共同使用。然后，组织半社会主义性质的初级农业生产合作社，在土地、牲畜、农具私有的基础上，土地入股、统一经营；年终收益分配以按劳分配为主，按股分红为辅，结合起来进行。最后，组织社会主义性质的高级农业生产合作社，土地、牲畜、农具等生产资料归集体所有，统一经营，集体劳动，各尽所能，按劳分配。经过三种过渡形式，到1956年底，对农业的社会主义改造基本完成，以农村集体所有制经济为特征的社会主义生产关系，在我国广大农村随之形成。

然而，由于农村基层设施陈旧，排灌渠道不畅，在应对自然灾害方面，存在着力不从心的问题。为了大规模从事农村基础设施建设，整顿农田，兴修水利，改变靠天吃饭的状况，也为了开展多种经营，兴办农副业生产，综合运用农村生产力，促进农村经济的发展，从1958年开始，一些先进地区便将规模较小的农业生产合作社予以合并，以行政乡或以行政区为单位，成立人民公社。还有的甚至以县为单位，成立人民公社，即县联社。接着，全国许多地区开始仿而效之。于是，便出现了人民公社无序发展，引发“共产风”等一系列脱离实际和脱离群众的问题。党中央、毛主席发现后，从1958年11月起，便开始对农村人民公社进行整顿。

首先，1958年年底在武昌召开的中共八届六中全会上，通过了《关于农村人民公社的若干问题》的决议；1959年在上海召开的中共八届七中全会下发了《关于农村人民公社的十八个问题》的通知；1960年11月，下发了《中共中央关于农村人民公社的当前政策问题》的紧急指示信；1962年，中共八届十中全会通过了关于《农村人民公社工作条例（修正草案）》，即“六十条”。通过上述会议及下达文件的实施和整顿，调整了人民公社的规模，完善了人民公社的经营管理体制及其规章制度，形成了一套基本规范、较为成熟的农村社会主义生产关系的体系结构，即“三级所有、队为基础”的制度模式。这一制度模式不仅纠正了农村人民公社发展过程中的混乱现象和错误，而且也调动了农村广大人民群众建设社会主义的积极性，极大地推动了农村生产力的发展，迎来了1963—1966年农村经济社会发展的大好局面。

其次，运用赎买方式对资本主义工商业进行了社会主义改造。我们旧中国的资本主义经济包括官僚资本和民族资本两个部分，官僚资本的人格化即官僚资产阶级，依附于帝国主义，勾结封建势力，既剥削工人、农民和其他劳动人民，也欺压民族资产阶级，与封建地主阶级一样，都是我国民主革命的对象。因此，中华人民共和国一成立，我们就没收官僚资本，对其进行改造，把它转变为社会主义性质的全民所有制经济。民族资本的人格化即民族资产阶级，一方面不但受帝国主义的压迫，而且也受官僚资产阶级的排挤，与帝国主义和官僚资产阶级有着深刻的矛盾；另一方面，由于民族资产阶级具有资本主义的性质，与帝国主义和官僚资产阶级又有着千丝万缕的联系，因而，民族资产阶级在这种矛盾关系中就具有两面性，既具有反对帝国主义和官僚资本主义的一面，又有依附于帝国主义和官僚资本主义，幻想在这一矛盾的夹缝中求生存、图发展，与帝国主义和官僚资本主义妥协的一面，同时，由于他们在旧中国经济中所处的地位和利益，因而又具有革命的一面。因此，在民主革命过程中，我们与他们建立了广泛的革命统一战线。利用他们革命的一面，争得他们加入反对帝国主义、反对国民党反动派的阵营，同时又采取相应的政策，对他们妥协、动摇的一面加以限制，甚至进行有理有节的斗争。民族资产阶级在民主革命中的两面性及与我党结成革命统一战线的传统性，决定了他们在新中国成立以后，面对我们对他们进行的社会主义改造，也具有两面性，即既具有与我们一起走社会主义道路，接受社会主义改造的一面，又具有发生动摇，反对改造的一面。鉴于此，我们党在对资本主义工商业进行社会主义改造时，对它们就采取了利用、限制和改造的政策，即利用其有利于国计民生的一面，限制其不利于国计民生的一面，通过国家资本主义道路，逐步把它们改造成社会主义性质的经济。首先，我们采用了加工订货、统购包销政策，对它们加以控制，规定它们的发展方向；其次，利用它们在生产经营上的困难，对它们进行投资、扩建和改造，实行公私合营：先是个别行业、个别企业的公私合营，继而以同样的方式进行全行业的公私合营。在个别行业的公私合营中实行自负盈亏，企业盈利按照公私股份比例进行分配，多盈多分，少盈少分。在实行全行业公私合营后，按照国民经济发展的要求，对企业进行合并和改组，取消企业各自进行盈利分配制度，改为国家与资本家协商，统一分配盈利的定息制度。对企业进行清资核产，一切企业不问盈利多少，资本家都按股份领取5%的定息，一定十年。企业完全由国家经营管理。原来的资本家或资方代理人由国家统一安排，在企业中担任适当职务，成为企业工作人员。如此公私合营企业，除资本家仍领取定息之外，经营管理与国有企业几乎一样。直至1967年底，国家停止向资本家支付定息，公私合营企业即成为完全社会主义性质的国营经济。

最后，在对农业和资本主义工商业进行社会主义改造的同时，我们也对个体手工业和小型商业进行了改造，使之适应社会主义现代化建设的需要。对个体手工业和小型商业的改造过程和途径与对农业的社会主义改造虽有区别，但具体政策和思路却大体相同，并且在我国整个国民经济运行中所处的地位和所起的作用也显得较次较小，由于本文篇幅所限，故不再赘述。

综合苏联和我国社会主义生产关系建立的实践和过程可以发现，两国对生产资料私有制改造的过程、路径及具体政策，虽然有着不同程度的差别，但所建立起来的社会主义生产关系的基本内涵还是一致的。具体来说，大体都包括以下基本要点：（1）生产资料归全体或部分劳动群众共同占有的所有制关系；（2）以劳动者为主体的平等劳动关系；（3）以劳动者为主体的社会成员之间的互助合作关系；（4）以劳动者为主体的社会生产过程中的民主管理关系；（5）“各尽所能，按劳分配”的收入分配关系；等等。其中，生产资料归全体或部分劳动群众共同占有的所有制关系，是社会主义生产关系的根本特征；以劳动者为主体的平等劳动关系、社会成员之间的互助合作关系、社会生产过程中的民主管理关系和“各尽所能，按劳分配”的收入分配关系，是社会主义生产关系的基本特征。

在人类社会发展史上，生产关系作为人们社会生产过程中的物质利益关系或经济关系，不是直接而是通过一定的具体形式，即经济制度呈现在人们面前的。依据社会主义生产关系上述内涵建立起来的社会主义经济制度，当然也会包括以下方面：(1) 由于社会主义社会的生产力水平与未来共产主义社会的生产力水平相比，不仅相对较低，而且还具有层次上的差别，再加上社会主义生产关系建立的背景和特点，社会主义公有制即采取社会主义国家所有制和劳动群众集体所有制两种基本形式；(2) 以劳动者为主体的平等劳动制度；(3) 以劳动者为主体的社会成员之间的互助合作制度；(4) 以劳动者为主体的社会生产过程的民主管理制度； (5) “各尽所能，按劳分配”的收入分配制度；(6) 社会生产的目的是最大限度地满足人民群众日益增长和全面发展的物质文化需要；(7) 实现生产目的的手段是追加劳动、加强管理、节约成本、采用先进科学技术、提高劳动生产率，使社会生产不断增长和不断完善；(8) 自觉遵循社会主义基本经济规律，反对主观主义和官僚主义。与社会主义生产关系的内涵和特点相适应，在社会主义经济制度的上述内涵和特点中，生产资料的社会主义公有制是社会主义经济制度的根本特征，在社会主义经济制度中起着主导和决定作用。以劳动者为主体的平等劳动制度、社会成员之间的互助合作制度、社会生产过程中的民主管理制度、“各尽所能，按劳分配”制度，则是社会主义经济制度的基本特征。最大限度地满足人民群众日益增长和全面发展的物质文化需要的生产目的、自觉遵循并按社会主义基本经济规律办事、反对主观主义和官僚主义，则是社会主义经济制度体系中由上述根本特征和基本特征派生的特征。社会主义经济制度的根本特征、基本特征及其派生特征，相互联系，互为条件，相互依存，相互作用，共同构成社会主义经济制度的统一整体，即社会主义经济制度的总体特征。

客观地讲，中俄两国所进行的伟大社会变革，由于当时主客观条件的限制，再加上国内外险恶的斗争环境，虽然在实施过程中历经坎坷和曲折，甚至出现了偏差以至错误，但从总体来看，还是适应社会生产力发展，顺应人类历史发展趋势的成功范例，极大地激发和调动了广大人民群众进行社会主义革命和社会主义建设的积极性、主动性，迸发出了异常高涨的革命热情和干劲，在各条战线创造了惊天动地的业绩，获得了举世瞩目的成就。社会主义的苏联，通过农业集体化和社会主义工业化，巩固了工农联盟，国民经济得到全面振兴和迅速发展。从1928年起，工业生产以每年21%的速度发展。到1937年，不仅实现了工业化，而且经济实力超过了英、法、德等国，跃居世界第二、欧洲第一，一跃成为令帝国主义望而生畏的社会主义大国，并且成为第二次世界大战中的中流砥柱，为取得世界反法西斯战争的胜利做出了巨大的贡献。社会主义的我国，在1953—1956年全面进行社会主义改造期间，全国工农生产总值平均每年递增19.6%，农业总产值每年递增4.8%，从1956年到1966年的10年，我国初步建立起独立的、比较完整的国民经济体系和工业体系，建成并投产的限额以上的大中型项目11982项，兴建了一批新兴的工业部门，如电子工业、石油化学工业、原子能工业等，填补了我国工业上的许多空白。农田基本建设初见规模，兴修了大量的农田水利设施，水浇地面积增加2600万亩，拖拉机应用量和化肥使用量增长6倍以上，机耕面积由1957年的2.4%提高到1965年的15%，积极开展农业技术改造，各个公社都设有专门从事科学研究的农技站，在粮食、棉花较大幅度增长的同时，经济作物也获得一定程度的增长和发展。1956年，我国的一大批高新技术尤其是航天技术和核科学技术事业得以起步；1960年，成功发射了第一枚运载火箭；1964年10月和1967年5月，原子弹和氢弹先后爆炸成功，打破了国际上的核垄断；1970年第一颗人造地球卫星上天。经过10年的艰苦努力，我国的综合国力得到大幅度提高。

实践充分证明，中俄两国通过对生产资料私有制的社会主义改造建立起来的社会主义生产关系，以及在此基础上建立起来的社会主义经济制度，具有巨大的优越性。这一伟大的社会变革，是成功的、不容置疑和否定的。在这一问题上，任何形式的历史虚无主义都是十分荒谬和错误的。

三、 结论和思考

自马克思主义诞生以来，在社会主义取代资本主义问题上，一直存在着经济、政治和思想文化等方面的路线斗争，并且贯串于马克思主义发展和国际共产主义运动的整个过程。

首先，在方法论上，表现为辩证唯物主义与唯心主义、形而上学两条思想路线的斗争。19世纪末20世纪初，以伯恩斯坦为代表的修正主义，声言唯物主义已被“驳倒”，污蔑辩证法“是马克思学说中的叛卖性因素，是妨碍对事物进行任何推理正确的考察的陷阱”，胡说“各民族发展上的重要时期是没有飞跃的”，妄图用康德的“平静进化论”和折中主义代替革命的生动活泼辩证法，以资本主义永恒论替代马克思主义关于资本主义必然灭亡、社会主义必然胜利、社会主义代替资本主义的科学结论。20世纪20—30年代，在苏联社会主义“国家工业化”和“农业集体化”过程中，以布哈林为代表的右倾反对派，不顾国内外经济政治形势的客观要求，以维护列宁时期的新经济政策为名，妄图以“乌龟速度爬行”的缓慢进化论取代斯大林依据当时险象环生的国际环境而提出的加速工业化和农业集体化的方针。伯恩斯坦和布哈林两个派别虽然所处时代不同，但处理问题的思想方法和所坚持的思想路线是一模一样的。他们所持的思想方法及其坚持的思想路线，对后来国际共产主义运动和取得革命胜利的社会主义国家进行的社会主义改造，建立和完善社会主义生产关系的社会主义革命，产生了极大的消极影响。正反两方面的经验告诉我们，在进行伟大社会变革和社会主义现代化建设的过程中，坚持辩证唯物主义的思想路线，反对唯心主义、形而上学的思想路线，具有十分重大而深远的实践意义和历史意义。

历史证明，在进行社会主义革命、建立社会主义生产关系及其经济制度问题上，唯心主义和形而上学的思想方法论及其思想路线，必然会演变为实践过程中的“唯生产力论”。例如，在国际共产主义运动中，以伯恩斯坦为代表的修正主义派别，就从唯心主义、形而上学的思想路线出发，歪曲和篡改马克思主义的唯物主义历史观，割裂马克思主义关于生产力与生产方式、生产方式与生产关系、经济基础与上层建筑之间的辩证关系，胡说什么阶级社会发展的动力，不是生产力与生产方式、生产方式与生产关系、经济基础与上层建筑、被剥削阶级与剥削阶级之间的矛盾和斗争，而是不断发展的生产力；胡说什么资本主义社会的生产力发展了，社会主义社会就自然而然地产生了，“实现社会主义的前提条件……首先是近代生产的发展”，而不是无产阶级政党领导的阶级斗争、暴力革命和无产阶级专政。他们把社会革命单纯解释为生产力的发展，从根本上抹杀生产方式、生产关系、上层建筑对生产力的反作用，抹杀阶级斗争和人民群众的自觉革命运动在生产关系变革过程中的作用。继承他的衣钵，在俄国十月社会主义革命过程中，则产生了崇拜自发性、醉心于经济斗争的“经济派”；十月革命胜利后，在苏联又出现了托洛茨基、布哈林、季诺维也夫、加米涅夫等人“在经济技术文化落后的俄国不能建成社会主义社会”的观点；在我们新中国成立初期，国民经济恢复以后，也有人以经济技术文化落后为由，不愿对生产资料私有制进行社会主义改造，反而提出“确保私有财产”“确立新民主主义社会秩序”的主张；直至20世纪80年代在我国出现的“社会主义早产”论、“补课”论等，都是以生产力不发达、经济文化落后为依据的，都是“唯生产力论”的翻版。实践证明，建立在唯心主义、形而上学思想路线基础之上的“唯生产力论”，不仅违背人类社会基本矛盾运动的客观规律，而且对已经建立起来的社会主义生产关系及其经济制度的巩固、完善和发展，也起着腐蚀甚至使其发生变异的作用。

其次，在社会主义取代资本主义的问题上，还有一种建立在唯心主义、形而上学思想路线基础之上的“和平长入社会主义”的理论。1871年巴黎公社之后，由于在通过普选制进行统治的某些资本主义国家里，工人阶级政党在合法的议会斗争中取得了一定的成就，无产阶级政党的某些领导人就认为，实现无产阶级的彻底胜利不再需要暴力形式，通过议会选举获得议会席位多数即可夺取政权，“和平长入社会主义”。例如：法国党的领袖盖得就宣称，自己的当选是一次革命，通过这次革命，社会主义就会进入波旁王宫并为整个世界开创一个新的纪元。德国社会民主党议会党团的右翼首领，在1879年就说，他们不想革命，因为“本质上受不可抗拒的进一步发展所制约的国家和社会正在自然地长入社会主义”。1890年德国《反社会党人法》废除后，他们又公开宣扬统治阶级及其国家的本性已经改变，通过威廉皇帝的国家就可以改造现代社会，实现社会主义。更为严重的是，德国社会民主党中央起草的《爱尔福特纲领（草案）》中也容纳了“现代社会长入社会主义”的观点。为了批判这种机会主义理论，恩格斯不仅第一次公布了马克思的《对德国工人党纲领的几点意见》（即《哥达纲领批判》），而且还撰写了一系列论文和书信，旗帜鲜明地宣示自己的观点。在给格尔桑·特利尔的一封信中，他明确指出：“无产阶级不通过暴力革命就不可能夺取自己的政治统治，即通往新社会的唯一大门。”[①] 1895年恩格斯逝世以后，伯恩斯坦更跳出来，在全面修正马克思主义的同时，借口时代发生了变化，在德国党的刊物《新时代》上以“社会主义问题”为总题目，发表了系列论文，进一步鼓吹“和平长入社会主义”的荒谬理论，不仅攻击暴力革命是“无谓牺牲”，而且攻击无产阶级专政是“属于较低的文化”和“政治返祖现象”“恐怖的独裁政治”，叫嚷什么无产阶级专政“这个词在今天已经大大落后于时代”。胡说什么在资本主义条件下，只要从事一系列细小的改良运动，使生产力发展到一定程度，“统治阶级的宫殿”就自然地“崩溃”，就自然地长入社会主义了。国际共产主义运动中一度出现的“和平长入社会主义”理论，虽然遭到马克思主义经典作家的严厉批判和驳斥，但始终未能绝迹，在20世纪20年代演变为布哈林的“乌龟式缓慢爬行”的“长入社会主义”论，在20世纪中期发展为赫鲁晓夫修正主义集团的“三和”“两全”理论等。由于这种理论鼓吹“阶级调和”“阶级斗争熄灭”“取消无产阶级专政”，再加上西方资产阶级对社会主义国家“和平演变”战略的实施，结果使一些社会主义国家“党变修”“国变质”“资本主义复辟”，导致了苏联解体、东欧剧变的惨剧。前车之鉴，后事之师。在21世纪的今天，在当代世界正值百年之大变局的新形势下，在我国进一步深化改革，全面建设社会主义现代化国家的新征程中，我们必须正视和深刻认识“和平长入社会主义”的机会主义理论的实质和危害性，对“和平长入社会主义”的机会主义理论给国际共产主义运动造成的曲折和带来的惨痛教训，必须深刻汲取。

---

① 马克思恩格斯选集：第4卷［M］. 北京：人民出版社，2012，592.

再次，社会主义生产关系的建立、完善和发展，必须与本国国情相适应。实际上，在中俄两国社会主义生产关系建立的过程中，虽然建立起来的生产关系及其微观单位的性质和总体结构大体相同，但在建立的基本途径、建立起来的生产关系的具体形式、微观经济单位的结构及其运行机制等方面却有着不同的特点，尤其是在国有企业和农业集体所有制经济的管理体制上，有着明显的不同。例如，在国有企业管理体制和治理结构上，苏联和我国虽然都是以职工为主体的民主集中制，但苏联采取的是厂长经理负责制，而我们采取的则是党委领导下的厂长经理负责制；在农业集体经济的管理体制上，苏联采取的是集体农庄体制，我们改革开放前采取的则是“三级所有、队为基础”的人民公社管理体制。在第二次世界大战前后，由于国家垄断资本主义的发展，在西方发达的资本主义国家几乎普遍建立了他们的国有经济，还有自19世纪中期，由丹麦社会党人建立起来的合作经济，一直延续至今。于是，一些西方学者，还有我国的一些所谓精英，便推出资本主义与社会主义“趋同”的荒谬理论。其实，这种论调仅仅抓住事物的表面现象，而丝毫未触及事物的本质，或者说距离事物的本质相去太远。毛泽东同志教导我们说：“我们看事情必须要看它的实质，而把它的现象只看作入门的向导，一进了门，就要抓住事物的实质，这才是可靠的科学的分析方法。”① 西方资本主义国家的国有经济，丹麦社会党人建立起来的合作经济，虽然与我们社会主义国家的国有经济和农村集体经济有某些相似之处，但从本质上来说却有着根本的区别。首先是所在国家的社会性质、所有制关系基础不同，其次是劳动者在企业中的地位和作用不同，再次是收入分配方式不同，最后是生产的目的和服务对象不同，等等。如果仅仅抓住西方生产关系及其基层经济单位的表象，而忽视甚至规避和抛弃其内在的本质，则必然会抹杀社会主义生产关系及其经济制度的社会属性和阶级本质，从而把社会主义生产关系及其经济制度与西方生产关系及其经济制度相等同，在方法论上落入唯心主义、形而上学思想路线的陷阱，导致政治上的折中主义、调和主义

① 毛泽东选集：第1卷［M］. 北京：人民出版社，1991，99.

和机会主义。

最后，尤其重要的是，必须坚定共产主义的理想和信念，破除共产主义"渺茫"论。一个多世纪以前，伟大的革命导师马克思和恩格斯运用他们创立的科学的唯物主义历史观，通过对人类社会基本矛盾尤其是资本主义社会基本矛盾的研究和分析，揭示了人类社会发展的历史进程、客观规律及其发展趋势。在得出资本主义必然灭亡，社会主义和共产主义必然胜利这一基本结论的基础上，对未来的社会主义和共产主义社会作了科学的预见和设想，创立了科学的社会主义理论。伟大的列宁在继承和发展马克思主义科学社会主义理论的基础上，与他的伟人战友斯大林一起，领导苏联无产阶级和广大劳动人民，在取得十月社会主义革命胜利，建立无产阶级专政的前提下，通过对生产资料私有制的社会主义改造，完成了建立社会主义生产关系及其经济制度的划时代任务，取得了社会主义革命和建设的伟大胜利。我国无产阶级和广大劳动人民在毛泽东同志及以他为核心的中国共产党的领导下，在取得新民主主义革命胜利，建立无产阶级的革命专政之后，通过对生产资料私有制的社会主义改造，建立了社会主义的生产关系及其经济制度，实现了中国历史上伟大的社会变革，使半殖民地半封建、贫穷落后的旧中国变成了社会主义的新中国，迈上了波澜壮阔的建设社会主义现代化强国的康庄大道，取得了举世瞩目的伟大成就，屹立在当今世界民族之林。中俄两国的伟大创举及其建设实践表明，社会主义和共产主义不仅是一种理想，也是一种运动；不仅是一种理论，也是一种实践；不仅是一种蓝图，也是一种现实。依据这种思想体系建立起来的社会主义制度及其彰显的巨大优越性，对世界无产阶级和广大劳动人民的示范和激励，对人类社会发展的推动作用，真是不可估量。尽管由于20世纪中期赫鲁晓夫修正主义集团上台所引发的社会主义蜕变，又由于20世纪末期戈尔巴乔夫的叛卖导致的苏联解体和东欧剧变，还有我国社会主义现代化建设中由于"左倾"右倾错误路线的干扰而一度处于被动局面，但是，社会主义和共产主义的理想犹在，社会主义优越性的伟大光焰仍然辉煌灿烂。我国无产阶级和广大劳动人民在以习近平同志为核心的党中央领导下，不忘初心，牢记使命，正在总结经验，吸取教训，艰苦奋斗，顽强拼搏，克服重重困难，在全面建设社会主义现代化强国的新征途上奋进。尚存的社会主义各国，也结合自己的国情，正在社会主义现代化建设中创造着新的奇迹。可以相信，人类社会发展的21世纪，必将是社会主义革命浪潮汹涌澎湃、高歌猛进的时代，正如毛泽东同志所说："共产主义的思想体系和社会制度，正以排山倒海之势、雷霆万钧之力，磅礴于全世界，而葆其美妙之青春。"① "一切共产主义者的最后目的，则是在于力争社会主义和共产主义社会的最后的完成。"② 理想是目标，信念是动力，意志是实现理想的坚实力量，思想上和政治上的正确路线是实现理想的决定性因素和根本保证。让我们在马列主义、毛泽东思想的指引下，沿着老一辈无产阶级革命家的足迹，发扬一往无前的大无畏精神，朝着共产主义的崇高目标，继续革命，永不停步，奋勇前进！

参考文献

1. 马克思恩格斯选集：第1-4卷［M］. 北京：人民出版社，2012.

2. 马克思恩格斯全集：第35卷［M］. 北京：人民出版社，2012.

3. 列宁选集：第2-4卷［M］. 北京：人民出版社，2012.

4. 列宁全集：第42卷［M］. 北京：人民出版社，2017.

5. 斯大林选集：上卷［M］. 北京：人民出版社，1979.

6. 斯大林文集［M］. 北京：人民出版社，1985.

7. 毛泽东. 读社会主义政治经济学批注和谈话：上册［M］. 中华人民共和国国史学会，1998.

8. 毛泽东选集：第1卷［M］. 北京：人民出版社，2012.

9. 毛泽东选集：第1卷［M］. 北京：人民出版社，1991.

10. 顾海良，梅荣政. 马克思主义发展史［M］. 中国人民大学出版社，2009.

---

① 毛泽东选集：第2卷［M］. 北京：人民出版社，1991，686.

② 毛泽东选集：第2卷［M］. 北京：人民出版社，1991，651-652.

11. 中国人民大学马列主义发展史研究所. 马克思主义史：第三卷［M］. 北京：人民出版社，1996.

12. 中央文献研究室. 建国以来毛泽东文稿：第4册［M］. 中央文献出版社，1990.

（作者单位：淮北师范大学当代经济研究所）

历史学派国家主义经济思想话语体系的科学转换[①]

梁建洪

摘要：19世纪80年代德国历史学派与奥地利学派之间的论战，被称为经济学方法论之战。由于学界普遍认为这是一场德国与奥地利学派之间的方法论之争，这场论战其他方面的价值被长期忽略。放在近代西方资本主义国家发展与竞争的背景下考察，这不仅仅是一场德国和奥地利两国学派之间的方法论之战，更是一场德国国家主义经济思想与英国自由主义经济思想之战，其中奥地利学派充当了英国经济思想代言人的角色。历史学派把经济思想话语体系巧妙地转换为科学话语体系，提高了德国经济学说的科学化水平，成功地展开了一场反对英国自由主义思想渗透的阻击战，并扩大了德国经济思想的世界影响力。历史学派意识形态话语体系科学转换的经验说明意识形态与科学日益融合在一起，话语体系科学化、系统化水平的提高有助于增强本国经济思想的影响力。

关键词：国家主义经济思想　自由主义经济思想　科学潮流　意识形态

19世纪80年代，德国历史学派和奥地利学派之间有一场著名的争论，史称方法论之争。迄今为止，学界对这场争论的研究并不多，“考虑到大多数19世纪后期和20世纪初期的方法论著作情况，关于方法论之争的英文文献非常少”。

---

①【基金项目】本文是国家社会科学基金一般项目“经验科学视角下西方经济学方法论演进研究”（批准号：19BJL009）阶段性研究成果。

没有展开深入研究的一个重要原因在于，人们从这次争论中除了感受到双方势不两立的态度之外，似乎看不到更多有价值的东西。单纯从经济学方法论的角度加以观察，这次争论更多地表现为双方各执一词的相互攻击，这与它在经济学方法论史中的地位显然是不相称的。熊彼特就认为这次争论并不应该受到学界如此重视，在他看来，由门格尔和施穆勒个人恩怨所引发的所谓方法论之争，给历史留下了一堆价值不高且“恶感泛滥”的文献，这些文献“尽管在澄清逻辑背景方面多少也有点贡献，然而这么一大堆文献的历史实质上是浪费精力的历史，大好光阴，本来是应该更好加以利用的”。[①] 熊彼特难掩失望的评论能够反映出学界对这场争论的一般态度。

如果把这场争论置于近代西方资本主义国家发展和竞争的广阔背景下加以考察，其意义远远超出方法论的范畴，更不是德国和奥地利两国学派之间的争论所能全部解释的。这场方法论之争实质上是崛起中的德国与当时最强大的英国之间的意识形态之争，集中反映了德国本土的国家主义经济思想与英国普适性的自由主义思想之间长达半个世纪的较量。在这场较量中，德国通过意识形态话语体系的科学转换，扭转了自身的不利地位，不仅实现了对英国自由主义思想渗透的成功阻击，还扩大了国家主义经济思想在世界上的影响力。作为英国自由主义思想后继者的奥地利学派，在这场争论中充当了英国意识形态代言人的角色，因而这次争论表面上看是在德国和奥地利两国学派之间展开的。这场意识形态之战与近代德国崛起紧紧地联系在一起。

一、 意识形态斗争是近代德国崛起的需要

1. 英国的意识形态扩张威胁到了德国的意识形态安全。近代德国意识形态斗争是由英国的意识形态扩张引发的。19 世纪，英国作为世界上最强大的国家，不断向全世界扩张经济势力。经济扩张带动了经济思想的扩张，经济思想扩张

① 约瑟夫·熊彼特. 经济分析史：第 3 卷［M］. 朱泱，等，译. 北京：商务印书馆，2009，96.

反过来又成为其扩大经济势力的重要手段。自由主义经济思想是英国意识形态的重要组成部分，这一思想自亚当·斯密以来就不断丰富发展，成为英国古典政治经济学最核心的思想。反映在对外经济关系上，英国自由主义经济思想集中表现为自由贸易思想。英国丰富的贸易理论旨在向世界说明，自由贸易对各国都有好处。毫无疑问，自由贸易对经济实力强大的英国更为有利。

英国采取多种方式不遗余力地推行它的自由主义经济思想，如推介经济学著作，利用报刊等进行宣传，到世界各地举办讲座，其中还包括举办大型国际学术研讨会。恩格斯详细记述了1847年9月16—18日在布鲁塞尔召开的经济学国际学术研讨会，与会者主要是欧洲各国的经济学家、工业家和商人，其主题为“自由贸易是否将造福于全人类”。作为会议主导者的英国派出了包括议员、经济学家、杂志编辑等在内的庞大代表团。这场会议的主题就是宣传自由贸易的好处，传播自由主义经济思想。就是在这次会议上，德国代表廷豪森发表了“又臭又长”的贸易保护主义演说。在恩格斯看来，这简直是哀求英国高抬贵手放过德国脆弱的工业，别再搞“剧烈逼人的竞争”。[①] 这次会议至少说明两个问题：作为自由贸易的最大受益者，该国为进一步经济扩张积极推行他们的自由贸易思想；自由贸易不符合当时德国的利益，德国对英国的经济思想并不认可。

然而，英国的自由主义经济思想在世界上已经具有广泛的影响力。这首先是英国拥有强大的国家实力。近代英国是世界上最强大的国家，对其他国家具有强烈的示范效应，“它已经成为一切国家的榜样”[②]，成为其他国家发展的标杆。不用说欧美诸国，就连中国和日本等遥远的东方国家也纷纷向英国学习富国强兵之道。以强大的国家实力为后盾，是英国意识形态扩张的基础条件。其次，自由主义经济思想在特定的历史时期有其合理性。近代自由主义经济思想发端于文艺复兴以来的思想启蒙运动，具有反封建、反专制主义的性质。自由主义经济思想把个人自由植根于经济伦理的正当性中，一定程度上彰显了经济活动的人文情怀。正如马克思所说的那样，“由重农学派和亚当·斯密作了正面

---

① 马克思恩格斯全集：第4卷［M］．北京：人民出版社，1960，276－279.

② 弗里德里希·李斯特．政治经济学的国民体系［M］．陈万煦，译．北京：商务印书馆，1983，304.

阐述的狭义的政治经济学，实质上是18世纪的产儿，它可以和同时代的伟大法国启蒙学者的成就媲美”。[①] 这些珍贵的思想遗产成为英国后来意识形态扩张的软实力。

英国自由主义经济思想的一个特征是看上去具有普适性，这增强了它影响各国的便利性，有利于它对世界产生深入而广泛的影响。自由主义经济思想在一定程度上迎合了各国新兴资产阶级反对封建控制、自由发展资本主义的需要。17世纪以来，英国和法国的资产阶级相继取得了反封建革命的胜利，他们代表了世界进步的潮流，“这两次革命不仅反映了发生革命的地区，即英法两国的要求，而且在更大程度上反映了当时整个世界的要求”[②]。英国的意识形态扩张在世界范围内存在着广泛的基础。

英国自由主义经济思想具有一定的迷惑性。虽然自由主义经济思想本质上是英国工业资产阶级的思想，代表了工业资产阶级的利益，但它表现出来的却是全民的思想，似乎代表着全世界共同的利益。英国大工业资产阶级凭借着雄厚的经济实力，在全世界获得了一定程度的统治地位。占统治地位的阶级总是把自己的思想说成是普遍的思想，把自己的利益说成是普遍的利益，这是一个历史规律。马克思在论述意识形态的特征时揭示了这个规律：“占统治地位的将是越来越抽象的思想，即越来越具有普遍性形式的思想。因为每一个企图取代旧统治阶级的新阶级，为了达到自己的目的不得不把自己的利益说成是社会全体成员的共同利益，就是说，这在观念上的表达就是，赋予自己的思想以普遍性的形式，把它们描绘成唯一合乎理性的、有普遍意义的思想。”[③] 以普世价值面目出现的自由主义经济思想具有很大的迷惑性，它隐藏了这种思想的真实立场，减少了意识形态扩张的阻力。

在英国自由主义经济思想的强力扩张下，其他国家的思想受到了强烈的影响和冲击，甚至丧失了意识形态独立性。“大工业通过普遍的竞争迫使所有个人

---

① 马克思恩格斯文集：第9卷［M］. 北京：人民出版社，2009，157.

② 马克思恩格斯文集：第2卷［M］. 北京：人民出版社，2009，74.

③ 马克思恩格斯文集：第1卷［M］. 北京：人民出版社，2009，552.

的全部精力处于高度紧张状态。它尽可能地消灭意识形态、宗教、道德等”。①这是包括德国在内的西方诸国无法回避的问题。

2. 德国需要一场经济思想上的意识形态保卫战。19世纪的德国资本主义发展刚刚起步，统一的国内市场还没有建立起来，地主贵族还掌握着一定的权力，生产能力落后，国家实力弱小。意识形态方面存在着同样的情况，在英国成熟的经济思想面前，德国根本没有话语权，“德国人在资产阶级经济学衰落时期也同在它的古典时期一样，始终只是学生、盲从者和模仿者，是外国大商行的小贩”。② 与强大的英国相比，德国的经济实力和经济思想都处于明显的弱势地位。

防范意识形态渗透是德国经济安全和意识形态安全的需要。英国的经济扩张使包括德国在内的实力相对弱小的国家面临着严峻的挑战，这些国家的“资产阶级如不采取一些硬性措施来维护和鼓励自己的工商业，他们就不能保住自己的阵地，巩固起来并取得绝对权力。如果不防止外国工业的侵入，十年之内他们就会垮台”。③ 面对自由主义经济思想的渗透，19世纪的德国面临着艰难的选择：要么像多数国家一样顺从于自由主义经济思想，认可英国主导的国际经济秩序；要么进行一场经济思想上的意识形态保卫战，维护自身经济和意识形态的安全性和独立性，走出一条独立自主的国家发展道路。德国毅然选择了后者。

德国拥有防范意识形态渗透的软实力。德国在经济思想方面不如英国，而在古典哲学方面有着自己的优势。近代德国在古典哲学领域创造了辉煌成就，拥有莱布尼茨、费希特、康德、黑格尔、叔本华、胡塞尔等一批伟大的哲学家。德国的古典哲学是一场深刻的思想启蒙，它是人类自我意识的冷静觉醒，具有内在的认知能力和思辨能力，深刻地反思和重构人类对世界的认知体系，闪耀着理性的光芒。德国的古典哲学在唯心主义和唯物主义两个领域都达到了人类前所未有的高度、深度和广度，积淀了近代德国强大的精神力量，铸就了德国的文化自信。拒绝迷信和盲从，对一切加以审视和反思，是近代德国形成的民

---

① 马克思恩格斯文集：第1卷［M］. 北京：人民出版社，2009，566.

② 马克思. 资本论：第1卷［M］. 北京：人民出版社，2018，18.

③ 马克思恩格斯全集：第1卷［M］. 北京：人民出版社，1965，67.

族自觉意识，也是防御自由主义经济扩张和意识形态渗透的底气。德国的历史学派肩负起了防范英国自由主义意识形态渗透的历史责任。

二、 德国历史学派早期意识形态反渗透及其局限

历史学派的先驱李斯特很早就意识到，来自英国的自由主义经济思想具有明显的意识形态扩张性质。他从英国人的言行不一中发现，英国并没有遵守它自己推崇的自由主义经济思想，所谓的自由贸易原则无非是英国经济势力扩张的一个虚伪的标签而已，“英国一向的做法是劝诱别国遵守自由贸易原则，他自己则厉行禁止制度”。[①] 英国通过这种说一套做一套的手法获得巨大的商业利益，“现在仅仅由于首先树立政治上的商业制度、多半不顾世界主义原则的是英国人，就把世界上一切财富和权力让给了他们，这一点就说从世界主义立场看，也是最不公平的”。[②] 李斯特认为，英国的强大虽然值得尊敬，但它不应该把自己的强大建立在牺牲别国利益的基础之上，只有让其他国家和英国一起共同繁荣，“才能使全人类文化获得发展”。[③]

李斯特代表的是德国新兴资产阶级的利益，希望德国和英国一样具有国际影响力，能够在世界市场上分得一杯羹。19 世纪上半期，英国的势力范围遍及全世界，多数重要市场被其占领或控制。德国同样需要世界市场，但作为后起的资本主义国家，已经不能像英国那样占有先机。如何迅速成为列强俱乐部的一员并拥有一定的国际话语权，成为德国的现实目标。李斯特的远期目标是把德国变成像英国一样强大的国家，“使自己成为可靠的大陆联盟中心”。[④] 这都需要制止泛滥开来的英国自由主义经济思想，维护德国意识形态和经济的安全性。李斯特从两个方面展开了德国的意识形态保卫战。

1. 论证自由主义经济思想的缺陷，以破除对它的迷信。李斯特把英国的自

---

① 弗里德里希·李斯特. 政治经济学的国民体系［M］. 陈万煦，译. 北京：商务印书馆，1983，165.

② 弗里德里希·李斯特. 政治经济学的国民体系［M］. 陈万煦，译. 北京：商务印书馆，1983，117.

③ 弗里德里希·李斯特. 政治经济学的国民体系［M］. 陈万煦，译. 北京：商务印书馆，1983，305.

④ 弗里德里希·李斯特. 政治经济学的国民体系［M］. 陈万煦，译. 北京：商务印书馆，1983，345.

由主义经济思想称之为“流行观点”“世界主义”，认为这些世界主义的流行观点存在着三个致命缺陷。[①]（1）“无边无际的世界主义”。李斯特追述了世界主义经济学的发展史，这个发端于魁奈的经济思想，经过亚当·斯密继承和发展，变成了一门研究超越国家的“全人类社会的利益”的政治经济学。李斯特认为，世界经济有其“公共福利”的一面，但它的前提是世界各国已经不再关注自身国家的利益，各国之间已经实现了永久的和平。而当下的现实说明这个前提显然是不存在的。“流行学派把那些还没有出现的情况假定为已经实际存在的情况”，[②] 这是世界主义经济学的根本缺陷之所在。（2）“死板的唯物主义”。亚当·斯密的经济学说“只是限于创造物质价值的人类活动”，把物质财富和交换价值作为唯一的研究对象，而对财富生产必不可少的公共制度、法律、道德、人的才智等则极少关注，这实质上是死板唯物主义的表现，是有严重缺陷的。（3）“支离破碎的狭隘的本位主义和个人主义”。李斯特认为，世界主义经济学极力崇尚个人主义，把社会财富当作个人财富的加总，这是简单机械的；它们“完全否认了国家和国家利益的存在，一切都要听命于个人安排”，[③] 这种有违于事实的思想是荒谬的。

李斯特用事实证明英国自由贸易思想对各国的危害。美国看透了英国自由贸易的欺骗性，并不为之所动，结果长期都受到英国的打压。而法国曾经一度上了英国的当，“法国政府被英国政府及其代表们的那些花言巧语所感动”，按照自由贸易原则降低了麻纱和麻织品的进口税。结果发现，英国的产品趁机大举进入，法国麻纺织业受到严重冲击，国内一片怨声载道。法国这个时候才清醒过来，发现英国人果然“老奸巨猾”，当准备放弃自由贸易再次实施贸易保护的时候，英国人立刻原形毕露，对法国进行“大肆威吓”。李斯特以此呼吁各国一定要对英国的意识形态渗透保持警惕，不要上当受骗：“这就是英国的世界主义！”[④]

---

① 弗里德里希·李斯特. 政治经济学的国民体系［M］. 陈万煦，译. 北京：商务印书馆，1983，152.
② 弗里德里希·李斯特. 政治经济学的国民体系［M］. 陈万煦，译. 北京：商务印书馆，1983，112.
③ 弗里德里希·李斯特. 政治经济学的国民体系［M］. 陈万煦，译. 北京：商务印书馆，1983，144.
④ 弗里德里希·李斯特. 政治经济学的国民体系［M］. 陈万煦，译. 北京：商务印书馆，1983，320.

2. 建构国家主义经济思想对抗英国的自由主义经济思想。李斯特的国家主义经济思想体现在三个方面。第一，以国家主义取代世界主义。李斯特认为，英国推崇的世界主义经济学的根本缺陷是忽视了经济的国度性。世界主义经济学把世界看成一个整体，研究的是全世界的利益，抹杀国家的存在，想当然地把研究建立在没有国家差异的假设基础之上，忽视了各国不同经济发展阶段和历史特点这一事实。鉴于此，李斯特提出自己的国家经济学理论，强调经济研究应立足于国家，重视经济的国度性和不同国家经济发展的阶段性，这才是真正符合实际的科学的政治经济学。

第二，以生产力理论取代价值理论。在李斯特看来，英国的自由主义经济思想自从亚当·斯密那里就出了问题：把经济学研究对象定位于财富，把财富问题的研究又局限于价值。李斯特认为这是一种就事论事的研究，看起来像是忠于事实，实际上眼界过于狭窄，被“死板的唯物主义”给束缚住了。李斯特就此提出了自己的生产力理论，认为不能就财富论财富，“财富的生产力比之财富本身，不晓得要重要多少倍”。① 财富与财富的生产力是两回事，生产力是一个更为宽泛的概念，不仅包括直接生产财富的要素资本，还包括国家的法律制度、宗教道德、人的素质、科学和艺术、发现发明等“现代人类文明的精神资本”。② 经济学必须摆脱“死板的唯物主义”局限，摒弃就事论事的狭隘眼界，从更加广阔的视野中研究真正的生产力问题。

第三，以贸易保护对抗自由贸易。意识形态是为经济利益服务的，李斯特国家经济学的现实目标就是保护德国工业资产阶级利益，避免德国相对弱小的工业受到来自英国工业强力竞争的冲击，“能够防御这一点的，只有保护关税，即国家用强力来抵制英国大工业的破坏力量。于是，国家成了‘经济和谐’的最后避难所”③。李斯特不否认自由贸易有它的合理性，但它是以雄厚的经济实力为基础的，包括德国在内的绝大多数国家都不具备这种经济实力，所以“保

① 弗里德里希·李斯特. 政治经济学的国民体系［M］. 陈万煦，译. 北京：商务印书馆，1983，118.

② 弗里德里希·李斯特. 政治经济学的国民体系［M］. 陈万煦，译. 北京：商务印书馆，1983，124.

③ 马克思恩格斯全集：第46卷上［M］. 北京：人民出版社，1980，6.

护制度是使落后国家在文化上取得与那个优势国家同等地位的唯一方法”。[①]

3. 李斯特意识形态阻击的局限。在如何应对英国经济势力扩展和意识形态渗透方面，李斯特是那个时代最清醒的德国人，他从解构自由主义经济思想到建构国家经济学，全方位展开了一场防范自由主义经济思想渗透的防御战。然而这一切努力的实际效果却不尽人意，毕竟他的国家主义经济思想远不如英国的自由主义经济思想强大。李斯特的意识形态防御战对英国而言几乎没什么影响，傲慢的英国人似乎不太在意这个德国人的国家经济学理论，英国的“工业资本家在着手实现自己的这个伟大目的时，具有坚强的健全的理智，并且蔑视传统的原则，这是他们一向和大陆上器量较小的竞争者不同的地方”。[②] 不用说英国，就连一些德国人似乎也不重视李斯特的国民经济学。李斯特的意识形态保卫战无疾而终，这也许是导致他绝望自杀的原因之一。

李斯特发起的意识形态之战并没有取得理想的结果，这并不意味着他的国家主义经济思想没有价值。相反，德国要想走出一条符合本国国情的资本主义发展道路，还要坚定不移地维护自身意识形态的独立和安全，避免成为英国思想的附庸。德国历史学派继续探索本土思想对抗普世思想的有效方式，最终在话语体系的科学转换中找到了突破口。

三、 德国历史学派意识形态话语体系的科学转换及其阻击

后李斯特时代，德国的意识形态阻击战才真正开始。以罗雪尔为代表的历史学派重构了德国的经济思想体系，特别是重构了李斯特的国家经济思想话语体系，大大增强了德国意识形态的科学品质。历史学派重构意识形态话语体系的基本思路，是把经济思想话语体系转换为科学方法话语体系，把经济思想置于科学方法的保护之下，然后在科学方法话语范围内与英国展开新的意识形态较量。

① 弗里德里希·李斯特. 政治经济学的国民体系［M］. 陈万煦，译. 北京：商务印书馆，1983，113.

② 马克思恩格斯全集：第21卷［M］. 北京：人民出版社，1965，226.

把经济思想话语体系转换为科学方法话语体系，对德国意识形态而言具有重大的意义。运用科学话语体系武装自己的经济思想，意味着紧紧抓住了另一个世界潮流，即科学的潮流。科学的兴起是文艺复兴中后期的一个标志，它在长达四个世纪的洗礼中成长壮大起来，成为近代世界发展的历史潮流。科学最根本的力量在于理性，“它在本质上求理性裁断，全凭这点制胜”[①]，科学把人们从经院哲学的偏见中解放出来，逐渐树立起理智上的权威。科学权威取代神学权威是科学发展的必然结果：凡是科学的东西人们都会深信不疑，非科学的东西都加以排斥。科学成了新的上帝，这一巨变深刻地影响着近代世界的发展进程。“通常谓之‘近代’的这段历史时期，人的思想见解和中古时期的思想见解有许多不同。其中两点最重要，即教会的威信衰落下去，科学的威信逐步上升。旁的分歧和这两点全有连带关系”。[②] 德国历史学派的意识形态阻击战，同样与此有连带关系。能够获得人的真正相信，是意识形态一个无可回避的检验。而意识形态一经科学武装，顺应科学发展的潮流，可信度就会大大增强。

1. 罗雪尔的意识形态话语体系科学转换。罗雪尔作为德国历史学派承上启下的代表性人物，在防范英国自由主义经济思想扩张斗争中发挥了关键作用。他通过几个步骤完成了德国经济思想话语体系向科学方法话语体系的转换，提升了德国经济思想的科学品质。

罗雪尔努力的方向是修正李斯特的国家主义为历史主义，明确向科学靠拢。罗雪尔把德国经济思想的重心从国家主义转移到历史主义上来。与英法相比，德国的历史并不辉煌，而历史学派还要强调历史，这是有一定原因的。首先，历史性本身意味着科学性。与国家主义话语体系相比，历史的话语体系与科学话语体系更加接近。与李斯特经济思想突出国家特征相比，突出历史性更能够显示出经济理论的科学特征，因为“政治经济学本质上是一门历史的科学”。[③] 罗雪尔就是要把德国历史学派的经济思想通过历史与科学对接起来。在罗雪尔

① 罗素．西方哲学史：第21卷［M］．马元德，译．北京：商务印书馆，1996，4.

② 罗素．西方哲学史：第21卷［M］．马元德，译．北京：商务印书馆，1996，3.

③ 马克思恩格斯文集：第9卷［M］．北京：人民出版社，2009，153.

这里，历史方法无疑就是科学方法，“历史方法的最高目的在于以科学的形式将人类已获得的政治成果留给后代”。① 罗雪尔历史主义的目标之一就是努力把德国的经济思想用科学武装起来，把经济思想话语体系转向科学方法话语体系。

其次，强调历史性实质上就是强调具体性，可以把德国具体的本土经济思想上升到历史的高度，有利于和英国的一般性经济思想相抗衡。世界上没有抽象的历史，只有具体的历史，强调历史意味着强调具体。罗雪尔历史主义本身就意味着对一般抽象的否定。英国世界主义经济思想是一种抽象思想，防范这种思想渗透的有效方法之一，就是要放大经济思想的具体历史性，把经济思想建立在坚实的具体性基础之上，为把德国历史主义与英国自由主义的对抗转化为具体和抽象的对抗准备条件，这样就可以把德国与英国意识形态对抗的弱势转化为在科学上具体和抽象之间的势均力敌。

再次，历史意味着差异性和特殊性，可以把德国经济思想特定的国度性和民族性纳入历史范畴内，有利于和英国的普适性经济思想相抗衡。德国历史虽然不辉煌，但是它自身所处的特定发展阶段决定了德国历史有着自身的特殊性。强调历史，实际上就是强调德国历史的特殊性，进而凸显各国经济思想的差异性。在英国普适性意识形态的渗透下，强调历史的特殊性和差异性，本身就是对英法意识形态的否定。需要指出的是，德国历史学派那里的“历史”并不是完整意义上的历史，而是他们按照自己的需要打造的历史，具有很强的主观性。适应于意识形态的需要是这种“历史”的使命，“德国人习惯于用‘历史’和‘历史的’这些字眼随心所欲地设想，但就是不接触现实”。② 脱离现实的历史注定是不完善的历史，但较之于真实的历史，这种“随心所欲”设想的历史更方便为德国量身定做自己所需要的经济思想，更适合于意识形态的斗争。

罗雪尔把德国的经济思想进行话语体系的适当改造，通过历史这个中介与科学方法融合在一起，使之看起来是科学的。而以科学话语体系作为经济思想的保护带，就为经济思想增添了一个坚硬的外壳。这一切都为阻击英国自由主

---

① 威廉·罗雪尔．历史方法的国民经济学讲义大纲［M］．朱绍文，译．北京：商务印书馆，1986，12.

② 马克思恩格斯全集：第3卷［M］．北京：人民出版社，1965，51.

义思想的渗透做好了准备。

2. 反击英国意识形态渗透的历史机遇。罗雪尔后的19世纪70年代，德国历史学派迎来了新时代，新历史学派的旗手是施穆勒。同一时期，奥地利学派开始崛起，其代表人物门格尔继承并深化了英国政治经济学的抽象演绎分析传统，成为与英国经济学家杰文斯、法国经济学家瓦尔拉斯齐名的边际分析代表性人物。迅速成长的奥地利学派姿态高调，一方面开拓着边际分析、效用价值等经济学里程碑意义的学术成就，一方面公开批评那些在他们看来与自己不同道的经济学说，主要就是德国历史学派。

门格尔公开挑战德国历史学派，他认为政治经济学的发展有三条道路，一条是沿着亚当·斯密的路继续走下去，一条是开辟新路径，一条是把二者综合起来的自己的道路。德国历史学派就属于开辟新路径的那一类，门格尔对此类冷嘲热讽，认为德国人“欲以政治经济学革新者身份出名，除了对研究此类的敏锐感觉外，几乎不再需要别的素质……在德国真正的学院经济学家中，理论的发展每况愈下”。[①] 门格尔在《社会科学方法论探究》中以四卷十六章的内容对历史学派展开全面的攻击，总结起来主要有：鄙视德国的国家主义经济思想和历史方法，论证历史学派的缺陷，证明其经验主义的幼稚性及各种不足；从学科分类出发论证个人主义和演绎分析在政治经济学中不可动摇的地位。在门格尔看来，德国历史学派的经济学说几乎一无是处。一番批评之后，门格尔把自己打扮成一个救世主的模样，认为有责任帮助经济学落伍的德国，“本书任务是致力于将德国政治经济学带入正轨，别无任何其他考虑”。[②]

奥地利学派的挑战为德国历史学派意识形态反击提供了历史机遇，施穆勒决定迎战。这不仅仅是国家的学术尊严问题，更是能不能抓住这个机会充分展示德国经济思想的问题。以奥地利学派为突破口进行学术论战，真正的意图仍然是英国的自由主义经济思想。这是因为：第一，奥地利学派忠实地继承并发展了英国的自由主义经济思想，奥地利学派实际上扮演着英国的学术代言人的

① 卡尔·门格尔. 社会科学方法论探究［M］. 姚中秋，译. 北京：商务印书馆，2018，9.

② 卡尔·门格尔. 社会科学方法论探究［M］. 姚中秋，译. 北京：商务印书馆，2018，9.

角色，打击奥地利学派实质上就是打击英国的自由主义经济思想；第二，奥地利学派正在成长中，影响力还不十分强大，选择奥地利学派反击有更大的胜算；第三，不得不回应这一公开挑战，即便是英国自由主义思想也没有发展到蔑视德国的地步，仅仅是悄然渗透而已，而一向服膺于德国经济思想的近邻奥地利人突然倒戈并公然挑战，这是德国所不能容忍的，必然予以反击。

3. 施穆勒科学方法话语体系内的意识形态反击。面对门格尔的全方位攻击，施穆勒没有全面回应，而是针对其脆弱的部分展开反击。施穆勒没有再犯李斯特那样的错误——以经济思想直接对抗经济思想，而是把论战引向科学方法话语体系内，其中紧紧把握住两条原则：一是充分利用科学方法话语体系澄清被门格尔误解的历史方法，维护历史方法的科学性质，进而说明德国经济思想的科学合理性；一是充分利用科学方法话语体系反击门格尔的批判，证明奥地利学派的荒谬性，间接证明英国自由主义经济思想的荒谬性。于是，两个学派于19世纪80年代展开了旷日持久的论战。以施穆勒为首的历史学派把握住了论战的节奏，牢牢控制了论战的局面。

首先，施穆勒在罗雪尔的基础上进一步转换话语体系，把德国历史学派经济思想集中到历史研究方法，再进一步把历史研究方法归结为经验归纳法。经验归纳法是历史学派的传统方法，但并不是历史学派的全部，经过几代人的积淀，历史学派涵盖了从宏观方面的国家主义、民族精神再到具体的贸易保护政策等大量内容。这些理论内容虽然丰富，但依然比不了奥地利和英国两国的自由主义经济理论。与英国和奥地利的研究方法相比，历史学派的研究方法虽然没有绝对优势，但以单纯的经济思想与奥、英两国的经济思想直接对抗相比，具有显著的比较优势，在方法论领域展开意识形态阻击比在思想领域展开就更有几分胜算。施穆勒的这种转换就是把意识形态斗争转换成科学争论，避开了奥地利学派和英国自由主义经济思想的锋芒，避免在思想领域直接对抗，巧妙地把意识形态斗争问题转化为科学命题的真伪问题，扭转了德国显著不利的局面。

其次，把论战双方立场进行方法论绑定：把历史学派与经验归纳法绑定，把奥地利学派与抽象演绎法绑定。这种绑定的目的是进一步削弱英国经济学方法的优势。归纳法和演绎法是科学研究的两个经典方法，德国和英国政治经济学方法有着显著的不同。德国政治经济学方法是单一的，高度推崇归纳法而排斥演绎法，这是从李斯特时代形成的方法论特征，直到施穆勒时代，也没有根本改变。相比之下，英国政治经济学的研究方法则更加丰富和科学。从亚当·斯密开始，英国人研究经济问题就兼顾了归纳和演绎两种方法，当时学界对于大卫·李嘉图过度运用抽象演绎的倾向还进行了批判，把它称之为“李嘉图恶习”。就归纳和演绎的方法论应用而言，英国经济学比德国经济学更为丰富与合理，而这在论战方面对德国不利。因而施穆勒进行了一番操作，“施穆勒在方法论争论里划下了一条清晰的界限：相对于德国学派的历史—归纳方法，他把古典主义的奥地利学者（尤其是门格尔）所维护、运用的方法，认定为一种抽象、演绎的论证方式”。[①] 经过这样的划界和绑定，不但弱化了英国政治经济学方法的丰富性，而且更容易把德国与英国的意识形态之战简化为归纳法和演绎法的方法论之战。这样操作的最大好处在于，让德国的意识形态站在科学方法的平台上，实现了与英国的势均力敌。从培根和笛卡尔以来，归纳法和演绎法之争从来就没有间断过，也从来没有分出明显的高下。弱势的一方把论战控制到势均力敌的水平，这本身就是胜利。

再次，在上述操作的基础上，论证归纳法的科学性进而证实历史学派的科学性质；论证演绎法的不足进而批判奥地利学派的缺陷。德国新历史学派始终清醒地把握住一个方向：与英国进行科学话语体系的较量，实质上依然是经济思想的较量，无非是把处于弱势的经济思想换成了一种更为有利的话语体系。

对于德国而言，这次论战的价值不在争论之内而在争论之外。与奥地利学派的科学方法论战无疑给德国历史学派宣扬自己的学说提供了难得的机会和平台，使德国的国家主义经济思想能够在世界自由主义经济大潮流中站稳脚跟，

---

① Robert B. Ekelund, Jr. and Robert F. Hebert, *A History of Economic Theory and Metheod* , New York: McGraw Hill, 1975, S. 196 - 197. 转引自：古斯塔夫·冯·施穆勒. 国民经济、国民经济学及其方法［M］. 黎岗，译. 北京：商务印书馆，2017，116.

并借此机会发展壮大起来。德国历史学派组织了一次意识形态的精妙阻击，精妙之处在于成功地完成了一次意识形态话语体系的科学转换，把国家主义经济思想用科学武装起来，增强了意识形态斗争的能力。通过这次论战，德国历史学派获得了丰厚的战果。

第一，充分展示了德国历史学派的经济理论，在世界经济学说史上开拓了一片领地。经过这次论战，德国不仅在国内从根本上扭转了自由主义经济思想泛滥的局面，而且还扩大了国际影响力。“19世纪末，每个德国经济学家都是历史学派塑造出来的，无论他们赞同还是反对该学派的观点。又如，美国经济学会的所有创始人都在德国的大学取得了博士学位，而且美国的旧制度学派也深受新历史学派的影响”。① 第二，通过打击演绎方法间接打击英国的经济思想。这次论战揭露了演绎主义经济学的不足，打破了英国自由主义经济思想一统天下的神话，使得包括马歇尔、凯恩斯、熊彼特等在内的很多著名经济学者都意识到：自由主义经济学的普世性是不可能实现的，而历史维度在经济理论中是不可或缺的。② 第三，把历史学派的经济理论重新整合并推向一个新高度。通过这次论战，德国经济思想得到了淬炼，其体系更加科学完整。历史主义经验归纳法就此作为一个符合科学潮流、令人信服的纽带，重新整合了德国丰富的经济思想，大大提升了历史学派的科学品质。第四，增强了德国的理论自信和文化自信。这次意识形态之战让德国重新找回了理论自信。施穆勒踌躇满志地说：“在近一百年来，首先从德国开始，一般历史科学及从它独立出来的子科学的发展获得了最强的推动力。”③ 这次学说论战，似乎有东风压倒西风之势，施穆勒难掩鄙夷地认为，英国的经济学已然走向平庸，虽然现在还有很多人仰慕它，并不是因为它有多好，无非因为它的国力强而已，“外国人之所以学习它那些后来出现的、部分是平庸的国民经济学书籍，不是因为经济学在那里欣欣向荣，

---

① 黎岗. 译后记，转引自：古斯塔夫·冯·施穆勒. 国民经济、国民经济学及其方法［M］. 黎岗，译. 北京：商务印书馆，2017，140.

② 朱成全，刘帅帅. 德奥经济学方法论论战的历史澄清及当代启示［J］. 经济学家，2017（7），38－45.

③ 古斯塔夫·冯·施穆勒. 国民经济、国民经济学及其方法［M］. 黎岗，译. 北京：商务印书馆，2017，50.

而是因为英国在经济实践方面比其他国家更领先”。[①]

四、启示

一切历史都是当代史。只要世界政治经济发展的不平衡依然存在，只要国与国之间实力的差异依然存在，意识形态的渗透与反渗透斗争就不会停止，在每个时代，“强国都把自己的经济学说成是世界主义的经济学，以覆盖全球，要弱国改变价值观念和价值取向”。[②] 如何阻击超级大国意识形态的渗透，维持本国意识形态的安全性和独立性，是一个历史课题，也是一个现实课题。当代西方大国意识形态总是以所谓的“共识”、普世价值面目出现，与当年英国自由主义思想扩张如出一辙。如何防范和阻击这些意识形态的渗透，历史学派的经验依然具有重要的现实意义。

1. 坚守自己的思想信念。面对强大的英国自由主义经济思想的渗透，德国人没有丧失自己的文化定力和思想信念，而是始终保持着清醒的头脑。即使是在自由主义经济思想占领大片本国讲台，看似局势难以逆转的内外交困时期，德国历史学派也坚定地拒绝盲从。文化自信本身就是意识形态的一部分，这是意识形态斗争中不可或缺的首要精神定力。

2. 意识形态已经与科学深度地融合在一起。一方面，科学为意识形态的展现提供了合理形式。科学是人类理性发展的结果，总是以某种合理的、具体的和稳定的结构呈现出来。展现自身的合理性是意识形态的一个根本特征，在这方面，科学和意识形态具有契合性。德国历史学派把国家主义经济思想话语体系转换为科学话语体系，就是巧妙地利用了科学的合理表现形式。所以，“现代意识形态总是通过蕴含在技术与科学中的合理性来宣传自己，不再像传统的意识形态那样，诉诸神秘主义和奇迹”。[③] 赫伯特·马尔库塞认为，科学技术已经

---

① 古斯塔夫·冯·施穆勒. 国民经济、国民经济学及其方法［M］. 黎岗，译. 北京：商务印书馆，2017，51.

② 胡培兆. 政治经济学本质论：连载-3：“政治经济学”学科名的兴衰与退役问题［J］. 中国经济问题，2006（2），72-80.

③ 俞吾金. 从意识形态的科学性到科学技术的意识形态性［J］. 马克思主义与现实，2007（3），14-17.

与发达工业社会的意识形态深深地融合在一起，左右着人们的思维向度。科学技术深入到哪里，意识形态就随之渗透到哪里，科学技术进入生产过程，“今天的意识形态就包含在生产过程本身中”。[①] 尤尔根·哈贝马斯详细考察了西方现代意识形态随着科学向社会和自然渗入的过程，发现“他们想按照目的理性活动的自我调节的系统模式和相应的行为的自我调节的系统模式重建社会，并想以此控制社会，和以同样的方式控制自然”。[②] 另一方面，科学被意识形态利用的同时也被意识形态影响和改造。从社会知识建构的角度看，现代科学的发展不再单纯地依赖个人的偶然性发现，而是受到社会目的理性活动的制约，服务于目的理性活动的目标。意识形态不可避免地会介入科学知识的建构中，这种知识不仅包括社会科学知识，也包括自然科学知识。[③] 这是英国爱丁堡学派持有的基本观点，认为科学知识是由社会建构的，在这种建构的过程中意识形态作为社会文化的重要组成部分，对科学知识的生产产生了举足轻重的作用。[④] 总之，意识形态与科学深度地融合在一起已经成为一个不争的事实。科学与意识形态相结合，并逐步发展为意识形态的一部分，是西方理性主义思维方式的逻辑必然。[⑤]

3. 话语体系科学化水平的提高有助于增强本国经济思想的影响力。从李斯特时代开始，德国防范自由主义经济思想的渗透长达半个多世纪，直到施穆勒时代才完成了这场意识形态的阻击，归纳起来，最重要的经验之一就是为自己的经济思想寻找坚实的科学支撑，把国家主义经济思想话语体系转换为科学方法话语体系，把意识形态用科学武装起来，提高自身意识形态话语体系的科学化水平。始于文艺复兴的科学不仅是近代的世界潮流，同样也是当代的世界潮流。与以往任何时候相比，再也没有像今天这样崇尚科学的了，科学已然成为

---

① 赫伯特·马尔库塞. 单向度的人——发达工业社会意识形态研究［M］. 刘继，译. 上海：上海译文出版社，2018，11.

② 尤尔根·哈贝马斯. 作为“意识形态”的技术与科学［M］. 郭官义，译. 上海：学林出版社，1999，74.

③ 杨正. 科学权威、意识形态与科学传播——基恩“边界设置”理论研究［J］. 自然辩证法研究，2020（5），85－91.

④ 胡杨. 从强纲领到社会学有限主义——爱丁堡学派研究纲领的转变述评［J］. 自然辩证法通讯，2004（1），41－47＋111.

⑤ 刘英杰. 作为意识形态的科学技术［J］. 北京：商务印书馆，2011，244.

全人类共同的信仰。在这一历史潮流下，谁充分利用了科学，谁能够把自己的思想与科学巧妙地结合在一起，就意味着谁的意识形态拥有了人类共同的信任系统。提高自身思想的科学品质，把意识形态打造成一个科学体系，就能够增强本国经济思想的影响力和防范外来意识形态渗透的能力，这是德国历史学派留给历史的宝贵经验。

参考文献

1. 马克思恩格斯文集：第1卷［M］．北京：人民出版社，2009.
2. 马克思恩格斯文集：第2卷［M］．北京：人民出版社，2009.
3. 马克思恩格斯文集：第9卷［M］．北京：人民出版社，2009.
4. 马克思恩格斯全集：第3卷［M］．北京：人民出版社，1965.
5. 马克思恩格斯全集：第4卷［M］．北京：人民出版社，1965.
6. 马克思恩格斯全集：第21卷［M］．北京：人民出版社，1965.
7. 马克思恩格斯全集：第46卷上［M］．北京：人民出版社，1980.
8. 资本论：第1卷［M］．北京：人民出版社，2018.

（作者单位：天津师范大学经济学院）

垄断资本学派帝国主义分析的思想史回顾[①]

孙寿涛 张晓芳

摘要：列宁的帝国主义理论自诞生以来，就一直是学界讨论的热点之一。针对帝国主义发展过程中新的现象和议题，西方左翼出现了诸多颇具原创性的理论，其中以斯威齐、巴兰、马格多夫和福斯特等为代表的垄断资本学派（也称“每月评论学派”）的帝国主义分析最为典型。垄断资本学派形成初期，斯威齐和巴兰在列宁对垄断资本主义经济规律探索的基础上，创新性地提出经济剩余概念和剩余增长规律；中期，马格多夫基于20世纪80年代发达资本主义国家的发展现实，聚焦于资本主义经济停滞与金融膨胀等问题；进入20世纪90年代以来，福斯特等深挖金融化的理论基础，就国际垄断金融资本及其矛盾进行阐释，将学派的帝国主义分析推进到新阶段。作为二战后美国马克思主义经济理论发展的重要成果，垄断资本学派的理论分析对我们清醒地认识新帝国主义的真实面目具有重要意义。

关键词：垄断资本　经济剩余　帝国主义　金融化

垄断资本学派（Monopoly Capital School）也称“每月评论学派（Monthly Review School）”,[②] 是二战后出现的美国式马克思主义流派的重要代表，以马克

---

① 基金项目：教育部重点项目“马克思主义基本原理教材内容与体系研究”（2019GH－ZD－GJ－Y－01）。

② 斯威齐同学伦敦返美后，即立志创建“北美品牌的马克思主义”。保罗·斯威齐．资本主义发展论——马克思主义政治经济学原理［M］．陈观烈，秦亚男，译．北京：商务印书馆，1997，4.

思主义经济学研究见长，主要代表人物有保罗·斯威齐、保罗·巴兰、哈里·马格多夫、约翰·福斯特。这个学派一以贯之地结合20世纪以来资本主义特别是美国资本主义的发展现实，延续和推进马克思主义的经济分析，其中重要的理论成就之一就是对列宁帝国主义理论的延续和推进。

垄断资本学派的帝国主义分析，初期以斯威齐和巴兰为代表，延续和推进了列宁对垄断资本主义阶段经济规律的探索；中期面对20世纪80年代发达资本主义国家经济结构的变革，马格多夫和斯威齐合作在资本主义经济停滞与金融膨胀（金融化）等问题上多有卓见；20世纪90年代后，特别是21世纪以来，资本主义金融化成为经济学界广泛认可的当代资本主义核心特征，福斯特深入挖掘金融化的理论基础，系统阐释金融化与当代资本主义全球政策之间的关系，将这一学派的帝国主义分析推进到一个新境界。①

一、斯威齐和巴兰：基于经济剩余理论的帝国主义分析

垄断资本学派形成早期，斯威齐的《资本主义发展论》、巴兰的《增长的政治经济学》及二人合著的《垄断资本》，集中展现了斯威齐和巴兰两人对帝国主义的分析，特别是《垄断资本》奠定了这一学派的理论基石和研究传统，也是该学派得名的根据。

在长达60余年的学术生涯中，斯威齐（Paul Sweezy，1910—2004）② 的研究始终聚焦两个方面：一是对垄断、帝国主义和世界性为特征的现代资本主义经济运行的分析，二是对资本主义向社会主义过渡问题的研究。③ 他的帝国主义分析建立在列宁“帝国主义是资本主义垄断阶段”这一重要命题的基础上，是

① 王旭琰. 从垄断资本到垄断金融资本的发展——评“每月评论”派论资本主义新阶段［J］. 国外理论动态，2011(01)，38－43＋49.

② 斯威齐，20世纪美国最著名的马克思主义经济学家，美国激进政治经济学理论的奠基者，美国垄断资本学派的创始人，《每月评论》杂志及出版社的创建者，在继承和发展马克思主义经济学理论方面颇有成就。他的《资本主义发展论》(1942)，以及他和巴兰合著的《垄断资本》(1966) 是当代激进政治经济学先驱者的代表作。

③ 保罗·斯威齐. 资本主义发展论——马克思主义政治经济学原理［M］. 陈观烈，秦亚男，译. 北京：商务印书馆，1997，4.

对列宁帝国主义理论的延续与推进。

与马克思和列宁一样，斯威齐同样从资本积累开始分析垄断资本主义经济运行。他认为，资本积累扩大了生产单位规模，而规模经济效益进一步促使竞争走向集中和垄断；反过来，垄断又把剩余价值从较小资本转向较大资本，提高了积累在一定剩余价值中的比重，因而垄断与积累是密切联系的。[①] 随着垄断商品价格的提高，小资本的剩余价值减少了，而大资本的剩余价值增多了，这又提高了积累率，从而既加重了平均利润率下降的趋势，又加重了消费不足的趋势。他认为，“竞争转变为垄断导致了利润的增长和利润率的部门差别”，而不再是“曾经作为竞争资本主义特征的利润率的平均化趋势”。[②] 在垄断资本主义阶段，各部门之间的利润率存在着等级差别，垄断部门的利润率较高，非垄断部门的利润率较低，整个社会的平均利润率无法形成。垄断产业部门的投资受到阻碍，资本争相涌进竞争性较强的领域，这导致了利润率下降，利润率下降和消费不足又在客观上诱导了危机和萧条。

随着发达资本主义国家在资本积累过程中的矛盾加剧，资本积累逐步转向落后地区。这些落后地区劳动力供给充足，工资低、利润高，可以暂时缓解消费不足的状况。但是由于当地居民并不渴望以低工资受制于外国资本，而且他们有其自身的谋生方式，因此发达国家同落后国家之间的矛盾日益加深，将落后地区置于资本主义国家的统治之下变得迫在眉睫。随着越来越多的国家进入资本输出阶段，资本主义国家争相夺取有限投资领域的形势日趋严峻，只有将落后地区变为资本主义的殖民地才能更好地保护资本主义经济的发展。与重商主义时期继承下来的殖民政策相比，这种新的殖民政策更具有侵略性、扩张性，其用意在于垄断原料产地，扩大市场范围并为资本输出提供有力的投资场所，这意味着资本主义进入其最后的帝国主义阶段。

斯威齐系统分析了帝国主义阶段的特征。在帝国主义阶段，民族主义和军

---

① 保罗·斯威齐. 资本主义发展论——马克思主义政治经济学原理［M］. 陈观烈，秦亚男，译. 北京：商务印书馆，1997，4.

② 杨晓玲. 技术和产品市场垄断与技术进步——当代资本主义再认识［M］. 天津：天津社会科学院出版社，2005，36.

国主义不再服务于资本主义国内统一和自由，而变成帝国主义国家集团发动世界战争的武器。帝国主义阶段的特征也会对社会各阶级带来影响：工人阶级的利害关系是同侵略性的、扩张主义的对外政策直接相联系的，只要资本家可以在对外贸易和资本输出过程中获得利润，在一定限度内，工人阶级则有机会提高工资水平，改善生活，这时，工人阶级有可能得到好处。但是，一旦国际竞争尖锐化，各个帝国主义国家的资本家便通过压低国内工人的工资和延长工作日来维护自身的利益和垄断地位，此时工人与资本家之间的阶级矛盾便会日益严峻。其中，中等阶级由于缺乏共同的利害关系和共同的组织基础而更倾向于接受扩张政策，成为帝国主义政策中强大的群众基础。

保罗·巴兰（Paul A. Baran，1909－1964）① 提出“经济剩余理论”，用来更方便地分析“垄断资本”统治下的资本主义世界体系。“经济剩余”概念②，最早是巴兰在《经济进步与经济剩余》和《增长的政治经济学》中提出的。他把经济剩余定义为某一特定经济条件下，生产与消费之间的差异，并划分为三种类型的经济剩余：实际剩余、潜在剩余和计划剩余③。“实际剩余”是指当前净产出与当前消费之间的差额；“潜在剩余”是指“在一定自然和技术环境下，借助可利用的生产性资源能够被生产出来的产量与可以被当作必要消费的数量之间的差额”④。潜在剩余主要体现在：（1）社会的过度消费；（2）社会中由于非生产性工人的存在而损失的产品；（3）由于现存的生产机制不合理、不节约而失去的产品；（4）由于资本主义生产的无政府状态及有效需求不足导致工人失业而未能体现的产品。“计划剩余”则是指“最佳的”产出水平与最佳的消费水平之间的差额。巴兰认为，计划剩余表示一个合理的社会对潜在剩余的使用，

---

① 巴兰是美国“老左派”马克思主义经济学家，美国激进政治经济学理论的奠基者，美国激进政治经济学派或马克思主义经济学派的领袖人物。他的成名作《增长的政治经济学》首次提出了经济剩余理论。他还是西方第一个从事当代不发达国家经济增长理论研究的马克思主义理论家和激进政治经济学家。

② 应该指出的是，经济剩余这一概念，偏重于使用价值方面，与马克思的剩余价值概念有着本质的差异。但通过经济剩余这一概念，巴兰得以对非资本主义社会以及非资本主义与资本主义的关系进行研究。

③ 曾伟．如何看待当代世界经济体系中的“不发达”与资本主义发展模式——从保罗·巴兰“经济剩余论”的新视野［J］．现代经济探讨，2012（10），5－9.

④ 保罗·巴兰．发展的政治经济学［M］．上海：商务印书馆，2000，133.

但在资本主义社会中，实际剩余小于潜在剩余，因而实际剩余与潜在剩余之间的差额是研究重点。

巴兰认为，世界经济可分为发达的资本主义国家和不发达国家两个部分，在世界经济体系中，经济剩余从不发达国家流向发达国家，它的转移是通过贸易流动、剩余流动和经济援助进行的。① 贸易流动有助于不发达国家向发达国家提供初级产品资源，而从发达国家进口制成品所形成的强有力的竞争却阻碍了不发达国家工业的发展。当垄断资本中心地带由于过度剩余产生问题时，便会促使剩余的流动，这一剩余以利润和红利的形式流入不发达国家，扭曲了不发达国家资源的有效配置和利用。发达国家借援助手段转移经济剩余，而不发达国家偿还旧债和举借新债的利息都大于新的资本流动的整体规模，因而不发达国家积攒的经济剩余总是面临着净流失。②

对于国家吸收经济剩余这一问题，巴兰强调军费支出这一手段，并将军费问题与帝国主义联系起来分析。军费支出是国家支出形式之一，它包括间谍活动的支出、给同盟国的军事援助支出等，它可以在不损害统治阶级利益的前提下吸收剩余。政府的军费支出不仅仅是巨大的商机，更是维护资本主义世界剥削与被剥削的等级秩序的必要手段。为了使寡头垄断集团的物质地位和道德权威得到最强有力的保障，垄断寡头集团需要利用军事机器去摧毁社会主义制度，去遏制殖民地国家随时可能出现的抗议潮，因此军费支出成为发达国家吸收潜在剩余的重要方式。③ 对于这些潜在剩余，一方面，统治阶级需要维持需求，就需要对剩余加以利用，但同时统治阶级又想保持对剩余的所有权，因而对这些潜在剩余的处理是不固定的；另一方面，潜在剩余不会用于保持国家的充分就业，因为一定数量的失业对于维持劳动纪律和缩减工资是必要的。④ 军费支出与

---

① 巴兰有关发达－不发达关系的研究，在方法论意义上是后来依附学派及世界体系论的先驱。

② 曾伟．如何看待当代世界经济体系中的“不发达”与资本主义发展模式——从保罗·巴兰“经济剩余论”的新视野［J］．现代经济探讨，2012（10），5－9．

③ 聂志红．发达与不发达：基于经济剩余概念的解析——巴兰和斯威齐的资本主义经济发展思想［J］．海派经济学，2015，13（04）：141－151．

④ 布鲁厄．马克思主义的帝国主义理论［M］．陆俊，译．重庆：重庆出版社，2003，149．

帝国主义紧密联系。巴兰用帝国主义泛指扩张主义的政策和意识形态，帝国主义在发达国家的影响，主要是通过军费开支表现出来的，帝国主义最终成为国家支出的重要借口。其真正意义在于，一些公司因为国内市场被瓜分完毕而需向国外市场进军，这一动机需要得到政府的支持，因而通过用于军事机构的维持、对外援助和技术支持的大规模支出，来对本国政府施加军事、经济等各方面压力。“这里，重要的不是一个帝国主义国家可以从对外贸易和投资中增加什么样的收入和就业，对个别的有关公司和与这些公司有联系的团体而言，这些增长尽管具有极大的重要性，但不必是非常大的……当人们不仅仅考虑到帝国主义的政策对先进资本主义国家的社会的直接利益，而且从整体上设想这些政策的后果时，问题就会从一个完全不同的角度显示出来。对所谓的友好政府的贷款和捐赠、军事机构上的费用……所有这一切具有庞大的数量……因此，经济剩余的这种使用形式对先进资本主义国家收入和就业水平的影响，远远超过对经济活动本身的收入和就业所产生的影响。”①

巴兰对不发达国家的持续性落后作了详细分析。在他看来，这些国家之所以长期处于落后状态，是由其特殊的社会经济结构决定的。这个结构包括：一个庞大而落后的农业部门，小规模农民生产和地主阶级；一个小而相对先进的工业部门；一些生产出口产品的企业；大量的商人。这些并不全然是前资本主义的产物，在他看来，不发达国家是现代社会历史的产物。不发达国家外向型的经济形态也是导致其落后的重要原因。这种外向型经济为发达国家进入本国市场，赚取利润创造了条件，不但不利于不发达国家自身的发展，而且削弱了不发达国家内部的经济联系，严重阻碍了不发达国家较薄弱的工业的发展。正是因为不发达国家更多的是出口农产品和矿产资源等初级产品，它们才沦为发达国家“国内市场”的附属品，处于贸易的不利地位。

巴兰和斯威齐运用马克思主义经济学视角，以垄断资本主义为研究对象，以美国的经济发展事实为研究依据，以“经济剩余”概念为核心，试图建立以

① 保罗·巴兰. 发展的政治经济学［M］. 上海：商务印书馆，2000，245－246.

“垄断”为中心的新的理论体系，证明帝国主义的停滞和趋于灭亡的趋势。他们二人的帝国主义分析揭示了垄断资本主义制度的内在矛盾和发展趋势，在20世纪六七十年代西方学界有力地传播了马克思主义经济学，为中后期垄断资本学派的帝国主义分析提供了经济理论基础。

二、马格多夫：基于帝国主义体系的帝国主义分析

哈里·马格多夫（Harry Magdoff，1913—2006）是《每月评论》的主编之一，其代表作是《帝国主义时代——美国对外政策的经济学》。该著作和这一时期他与斯威齐合作撰写的众多文章（大多发表于《每月评论》杂志）是20世纪80年代垄断资本学派帝国主义分析的主要文献。

《帝国主义时代》一书主要阐述了有关美国对外政策的经济问题，强调资本输出比商品输出更为重要。他收集了大量的统计资料，意在说明从二战后至20世纪80年代，帝国主义发展中的一些新现象，如国家垄断资本和跨国公司加快发展，通货膨胀更为严重，旧殖民主义直接统治的制度已全面崩溃，新殖民主义的控制正在遭受抵制，两个超级大国激烈争夺世界霸权，三个世界已经形成，资本主义金融体系濒于崩溃等，标志着资本主义的新变化。

值得强调的是，《帝国主义时代》针对当时主流学界否认美国仍处于帝国主义时代的观点，重新探讨了美国帝国主义的存在。针对美国在对外关系上采取的“孤立主义”政策和积极的国际外交政策之间的反常状态提出的疑问，马格多夫指出，人们没有充分认识到对外投资的效果，尽管直接投资的资本输出比任何一个年份的商品输出少得多，但逐年投资所产生的累积效果要远远大于商品输出。[①] 根据统计数据，他指出，由累积的对外投资所产生的国外商业活动数量是商品输出数量的4倍，这充分说明美国控制尽可能多的地区的对外政策与美国强有力的国际扩张政策之间存在着密切的联系，因而美国经济绝非是“孤

① 哈里·马格多夫. 帝国主义时代——美国对外政策的经济学［M］. 伍仞，译. 北京：商务印书馆，1975，4.

立主义”的。

针对有些人主张的“与美国在不发达国家的投资相比，美国资本在西欧的投资更大，是美国背离帝国主义的证据”，马格多夫认为，西欧之所以有较高的生活水平和巨额资本，是与其过去对殖民地和新殖民地国家的剥削密不可分的，美国资本渗透到欧洲各宗主国，不仅可以从欧洲广大的消费市场获益，而且可以依靠各宗主国与其附属国的关系中发展起来的交易渠道获得收益。因而美帝国主义在当代是以新的方式存在的。

针对列宁将帝国主义划分在一个特定的历史阶段的论断，马格多夫认为，给帝国主义划分在一个有特定历史意义的时期，一直以来是存在争议的。反对者认为，帝国主义的许多特征在资本主义历史发展的全部过程中早已被发现了。然而马格多夫指出，新帝国主义确有其自身特点：“第一，主要的重点已从分割世界的竞争转移到防止帝国主义体系缩小的斗争；第二，美国充当了世界帝国主义体系的组织者和领导者的新角色；第三，性质上具有国际性的技术的出现。”① 二战前，帝国主义的主要特征是向全世界扩张，以及各大国之间重新分割领土和势力范围；俄国革命后，帝国主义一方面力图重新征服那些已经自行脱离帝国主义体系的地区，另一方面努力防止其他国家脱离帝国主义体系。殖民地已经同世界资本主义市场联系在一起，帝国主义当前的任务已经变成保持先前从殖民地中得来的经济和财政利益。

战后帝国主义体系的组成，是通过战后成立的联合国、世界银行、国际货币基金组织等国际机构实现的。在这些机构中，美国总是起领导作用。美国的领导地位还体现在军事领域，在全世界都设有军事基地，其金融业和石油业等支柱产业也在全球处于领先地位。在《帝国主义时代》中，马格多夫重点分析了美元在世界经济中的霸权地位、第三世界的债务陷阱以及美国资本的国际性金融扩张。1969 年，在第三世界的债务问题变得严峻前，马格多夫就明确指出：“欠发达国家应偿付的债务利息比其出口增长提高的更为快速。因此，债务负担

① 哈里·马格多夫. 帝国主义时代——美国对外政策的经济学 [M]. 伍仞，译. 北京：商务印书馆，1975，37.

变得日益沉重，导致这些国家对领先的工业国及世界银行和国际货币基金组织等国际组织的金融依赖性日益增加。”① 由于战争推动而出现的新技术，在规模上具有更多的国际性质，对帝国主义当前和未来的活动具有特殊的意义。其中，最显著的是空间技术，配备美国技术人员的大量“空间”卫星跟踪分布在全球各地，美国的通信卫星得到突飞猛进的发展。

马格多夫认为，在20世纪晚期，帝国主义表现出来的本质是美国霸权条件下的垄断资本的全球化。他在《帝国主义时代》结尾处写道：“典型的国际商业公司不再局限于巨大的石油公司，也可能是通用汽车公司或是通用电气公司，其15% -20%的业务涉及外国企业，并竭尽全力扩大其份额。这是因为跨国公司力求在全球获得最低的生活成本。它们还有一个目的，即在欧洲共同体的合并运动中抢占风头，像在美国市场那样控制世界市场更大的份额。”②

关于“帝国主义是否必要”的问题，马格多夫强调，资本主义从一开始就是一个世界体系，从广义上说，就是帝国主义式扩张，任何对帝国主义简单、机械和纯经济的理解都是不正确的。现代帝国主义的根源应追溯到16世纪资本主义发展初期，因而他的结论是：“要消灭帝国主义，就要推翻资本主义。”

总的来说，马格多夫通过对二战以来美国资本主义的现实发展进行分析，肯定当前仍是帝国主义时代，分析帝国主义的新表现，特别是具体分析美帝国主义的对外控制和掠夺，他的理论分析无疑具有重要的学术价值。

三、 福斯特： 基于国际垄断金融资本理论的帝国主义分析

约翰·福斯特（John B. Foster，1953 - ）在巴兰和斯威齐奠定的理论基础上，延续马格多夫的工作，代表垄断资本学派进一步推进帝国主义分析。

1997年，斯威齐就指出：“自1974—1975年的经济衰退以来，近期资本主义历史有三个最重要的潜在趋势：（1）增长率放缓；（2）垄断（或寡头垄断）

---

① 约翰·B. 福斯特，孙寿涛. 纪念哈里·马格多夫［J］. 国外理论动态，2006（03），42 -46.

② 约翰·B. 福斯特，王淑梅. 重新发现帝国主义［J］. 国外理论动态，2004（01），6 -10.

跨国公司的全球扩散；（3）资本积累过程的金融化。”① 其中第一个和第三个趋势——发达国家的经济增长率放缓和资本积累过程的金融化，在2007—2009年金融危机以来，引起广泛关注。然而第二个趋势，即垄断资本的国际化趋势却被人们忽视。实际上，所谓新自由主义的叙事逻辑，主要是假定垄断趋势已经消失，美国和其他国家在二战后建立起来的寡头垄断结构已经瓦解，取而代之的是全球竞争加剧的新时代。对于全球竞争加剧，福斯特并不否认，但在他看来，20世纪70年代后国际竞争在一定程度上越来越受到限制，“它已经让位于全球垄断金融资本的新时期，这时世界生产越来越为能够运用其垄断权力的一小撮跨国公司所控制”②。简而言之，他认为，现在我们面临的是“国际寡头垄断资本主义制度”（a system of international oligopoly），研究垄断资本国际化是理解当前全球经济趋势，包括成熟资本主义经济体的缓慢增长和金融化的先决条件。

延续巴兰和斯威齐的分析传统，福斯特指出，成熟产业中的主导企业之间并非纯粹的竞争对手（pure rivals），而是从事着被熊彼特称之为“协同定价（corespective pricing）”的寡头垄断竞争者。在不考虑其对手反击的情形下，没有任何一个协同竞争者（corespector）会轻易降低价格。这类价格战的毁灭性影响，导致他们在价格领域合谋。在这些集中的产业中（concentrated industries），价格削减是罕见的，更常见的是该产业中最大公司的领导型价格。他总结道：“随着积聚和集中在全球的进一步深化及跨国公司的进一步扩散——事实上，跨国公司现在已经越来越控制全球生产——不仅在国家层面上，而且在国际层面上，竞争的性质已经发生改变。”1995年，经济学家爱德华·格雷厄姆（Edward Graham）和保罗·克鲁格曼在《美国的直接投资（FDI）》中指出，外国直接投资（FDI）方向很大程度上是“寡头垄断竞争（oligopolistic rivalry）的结果”。③

① Paul M. Sweezy. More (Or Less) on Globalization [J]. Monthly Review, Vol. 49, No. 4, 1997 (9), 3-4.

② 约翰·B. 福斯特. 垄断资本的新发展：垄断金融资本 [J]. 云南师范大学马克思主义理论研究中心，译. 国外理论动态，2007 (03), 7-12.

③ Edward M. Graham and Paul R. Krugman. Foreign Direct Investment in the United States [M]. Washington, D. C.: Institute for International Economics, 1995, 193.

现在占据主导地位的这些企业，通过控制生产和分配的各种形式，谋求更佳的寡头垄断优势，同时他们不仅在国家层面而且在国际层面抵制真正的价格竞争。20 世纪 70 年代以来，世界图景呈现为如下这些方面：资本日益集中，发达国家处于停滞状态，帝国主义对不发达国家的剥削，金融的全球化，不发达国家之间的相互斗争。20 世纪 60 年代末 70 年代初，垄断资本陷入经济危机后，“一方面资本主义体制没有找到实现资本积累的方式，长期处于停滞状态；另一方面资本主义找到了复制自身的新方式，通过金融爆炸实现经济增长，资本在这种停滞中通过金融资本的增长获得了兴盛。”①

延续斯威齐的观点，福斯特认为，全球化并非最近才有的趋势，而是贯串整个资本主义历史过程的典型特征。从一开始，资本主义就是一个全球体系，当今时代是全球化高级阶段的垄断资本主义时代，这是与帝国主义紧密相连的。② 在这个全球体系中，发达国家的剥削率远远高于不发达国家，不发达国家作为一个整体，在经济上没有可能赶上发达国家，世界的不发达地区没有可能出现经济和社会的持久发展。从实际情况看，不发达国家工人的生活水平在不断下降。资本无法解决 20 世纪 70 年代发生在不发达国家的结构性经济危机，外部因素无助于当地经济的恢复，“确实资本具有破坏性的控制力量，问题在于资本在破坏以前的社会关系的同时却不可能建立起新的社会关系，即不可能建立起能向资本主义靠近的新的社会关系”。③ 不发达国家游离于资本主义体系外，西方发达国家进入这些不发达国家地区的目的也只是为了控制这些地区，而并非促进其发展。

福斯特还通过分析“9·11”事件后美国发动的阿富汗战争，揭露美帝国主义的实质。他强调，美国在 69 个国家建有军事基地并拥有破坏性武器，并非仅仅是打击恐怖分子，更是为了维护其霸权，为了控制整个世界。在进入“全球

① 约翰·B. 福斯特. 垄断资本的新发展：垄断金融资本［J］. 云南师范大学马克思主义理论研究中心，译. 国外理论动态，2007（03），7-12.

② 从方法论上说，垄断资本学派与依附学派及世界体系论的观点有相通的地方，后者的诸多文献也是首先或主要通过《每月评论》杂志及其出版社面世的。

③ 陈学明. 评 J. B. 福斯特论述“新帝国主义”的三篇文章［J］. 毛泽东邓小平理论研究，2005（12），77-84.

垄断金融资本”的新阶段后，为了治愈金融危机给帝国主义带来的巨大创伤，美国意欲重拾其“美式战争病毒”，实施法西斯主义的保守的地缘敌对战略。福斯特等人呼吁警惕并反对新的历史条件下寡头资本控制的帝国统治。[①] 他同时指出，“当今的世界秩序是美国单级霸权对世界的主宰”，但这种霸权并不是永久的，相反正是“潜在的帝国主义的垂死阶段”，这表现在：（1）美国领导层对中国潜在威胁的担心；（2）美国为迎接这种挑战，试图扩大地缘政治范围；（3）美国与欧洲及日本之间的矛盾日益升级。[②]

福斯特认为，金融化的表现之一是垄断资本积累的国际化（the international of monopoly capital for accumulation），结果就是世界范围内剥削的强化和停滞趋势的加深。20 世纪 70 年代以来，以发达国家为核心的世界经济增长十分缓慢，而世界危机最可怕的后果大多由穷国承担。垄断金融资本国际化的加深，不仅将停滞趋势扩散至全球，而且也因为巨型公司不能在生产领域为其大量的经济剩余寻找到有利可图的投资渠道，而推动了金融化。[③] 结果，金融危机愈加频繁且严重，而全世界所有国家也日益受制于巨型资本，并被迫要求救助这些巨型公司，因为它们“大而不能倒”。国家、地区和地方政府寻求通过削减公共福利以解决财政危机，提高了对整个社会的有效剥削率。因此，垄断资本的国际化不仅不能带来世界体系的稳定，反而给私人经济同时也给国家政权带来更大的危机。这种危机也表现在不平等的扩大：今天，1% 最富有的人口拥有全球总资产的 38%，而收入最低的 50% 的人口却只占有全世界 2% 的财富。[④] 近 40 年来，

---

① 符豪，程恩富. 21 世纪美国《每月评论》的马克思主义政治学研究［J］. 国外社会科学，2021（02），149－157.

② 约翰・贝拉米・福斯特，罗伯特・麦克切斯尼，贾米尔・乔娜，张雪琴. 垄断资本的国际化［J］. 政治经济学报，2016，7（02），99－114.

③ 关于国际寡头垄断与经济停滞的关系，参见 Cowling，K. and R. Sugden. Beyond Capitalism［M］. London：Pinter. 1997：91－113. 关于垄断资本与全球金融化的论述参见 Magdoff，Fred and John Bellamy Foster. The Great Financial Crisis：Causes and Consequences［M］. New York：Monthly Review Press，2009. 早有学者指出，垄断资本学派对金融化的关注和研究是比较早的。在《垄断资本》一书中，斯威齐和巴兰就指出，自二战以来，金融、保险和房地产业在美国经济中所占的比例一直在提高，这意味着垄断资本为了克服剩余的增长，将广义金融部门的增长作为剩余吸收的手段之一。此后，斯威齐在与马格多夫等人合作的一系列论文中进一步指出，20 世纪 80 年代以来的美国经济，金融化已经成为吸收剩余的重要手段。孟捷，高峰：《发达资本主义经济的长波——从战后“黄金年代”到 2008 年金融—经济危机》，上海：格致出版社，2019 年，第 155－156 页。

④ Lucas Chancel，Thomas Piketty，Emmanuel Saez，Gabriel Zucman. World Inequality Report 2022［R］. World Inequality Lab. 2021，3.

G7国家人均GDP是最不发达国家人均GDP的44.5倍。① 21世纪的第一个10年呈现在人们面前的是不断发生的食品危机，食品价格飞涨，投机泛滥，几百万人长期缺乏食物。垄断资本国际化的最大讽刺在于垄断公司发展的整个推力处处受到根植于哈耶克、弗里德曼自由市场经济学的新自由主义意识形态的教唆和协助。他们标榜的是在全球推行人类自由、经济发展和个人幸福，用时下流行的话来讲即民主，并且将不再有任何暴政残存。因此，在哈耶克看来，这一美好未来的两个敌人分别是劳动者和国家，这里的国家是针对其为劳动者和普罗大众服务这一情形而言。

垄断资本国际化的新自由主义运动不仅是对工人阶级的打击，更是对整个政治民主，即人们组织起来作为一股独立力量对抗公司权力的能力的打击。一小撮人的“自由”天堂意味着普罗大众的地狱。事实上，全世界的政府支出都在严重缩水。腐败的政治精英掌控国家，他们通过支持和帮助“接管”他们自己“所有”的跨国公司而服务于国家垄断资本和国际垄断资本。同时，这一准私有化的国家所有制正在全力镇压其国内民众。② 任何一个支持工人阶级的国家方案都是新自由主义的打击对象，因此，在国际上，其基本目标是打着“自由贸易”的幌子消除民族、国家对跨国公司发展的一切限制。这对弱国打击很大，因为这些规则是由富国所控制的国际组织（IMF、世界银行、WTO）制定的，弱国完全无力抵抗跨国公司的入侵。新自由主义时代经济停滞的现实，正成为巨型公司要求开放市场的正当借口。垄断金融资本的统治意味着每次危机均是采取债务泡沫扩张且最终泡沫注定破灭的金融危机，只有那些足够大且强壮到能够抵抗新自由主义的全部力量的政府，才能够在现有情形下在某种程度上实现繁荣，不过这样的“繁荣”通常不能惠及权贵统治阶层以外的被统治者。同时，全世界普遍存在的这些所谓的失败政府，正是国际垄断资本（在必要的时候受到各帝国的军事力量的支持）折磨绝大多数世界人民的表现形式之一。

---

① 根据世界发展指标（WDI）整理计算，人均GDP按2010年不变价美元计算。

② Harcourt, Bernard E. The Illusion of Free Markets: Punishment and the Myth of Natural Order [M]. Cambridge, Mass.: Harvard University Press, 2011.

四、结语

垄断资本学派的帝国主义分析显然是二战后美国马克思主义经济理论发展的重要成果，在马克思主义思想史上占据重要地位。该学派的帝国主义分析在其发展过程中呈现出既相互衔接又有所区别的阶段性特征，值得我们重视和研究。

自斯威齐、巴兰一直到福斯特，这一学派始终关注20世纪以来资本主义世界核心的美国经济现实，以其及时而深入的理论分析，延续并推进了马克思主义的政治经济学分析传统。可以说，斯威齐当年拟创建“北美品牌的马克思主义”的愿望已经实现，这尤其体现在本文所介绍的他们有关帝国主义理论分析的一系列成果上。

垄断资本学派的帝国主义分析建立在列宁经典帝国主义理论分析的基础上，并尝试推进赋予其新的时代特色。正如马格多夫在《帝国主义时代》里所说：“列宁学说的特殊价值就是对作用于国际经济关系的一切主要杠杆给予最扼要的说明。这些杠杆同新的垄断阶段及垄断组织所运用的主要方法是相联系的……但是当这些因素在某些具体情况下起作用并且同新情况相适应时，那么对具体情况必须进一步考察。”① 他们始终坚持帝国主义是资本主义的历史结果，始终将帝国主义的新变化与资本主义的深层矛盾相结合，其理论分析具有一定的预见性，体现了马克思主义理论和方法的科学性，对我们当下揭露和批判美国帝国主义的本质有独特的学术价值。

当然，垄断资本学派的帝国主义分析也有其不可忽视的局限性，一是作为其立论根基的经济剩余理论只是为了更好地解释垄断资本主义经济中的浪费问题，显见他们未能真正理解马克思的剩余价值理论——科学认识资本家与工人之间的阶级关系，不明了资本主义生产方式的实质；② 二是与列宁的帝国主义分

---

① 哈里·马格多夫. 帝国主义时代——美国对外政策的经济学［M］. 伍仞，译. 北京：商务印书馆，1975，36－37.

② 王琳，尹徐念. 20世纪70年代后美国经济陷入长期衰退的原因——自由竞争学派与垄断资本学派的争论［J］. 海派经济学，2017，15（03），158－170.

析相比较，该学派更多的是将分析重点放在对帝国主义现实的批判上，而没有提供具体可行的替代方案。在他们看来，垄断资本主义是腐朽的，但这种腐朽的垄断资本主义仍将持续很长一段时间，而帝国主义的终结将是内部崩溃与外部革命的共同结果。可以看出，这一学派帝国主义分析的现实批判仅仅停留在文字上，体现的是他们的学者本色。不管怎样，我们都应承认，这一学派的帝国主义分析是有力的，立场是坚定的，对于我们清醒认识新帝国主义的真实面目，深刻分析当前我们所面临的世界形势是有帮助的。

当然，垄断资本学派的理论分析范围广泛，既有对以美国为中心的现代资本主义经济的研究，也有对苏联、古巴等“革命后社会”的研究，本文只是对这一学派的帝国主义分析的思想史演进进行初步的整理和回顾，希望引起国内学界对这一学派的兴趣，进一步推进从马克思主义思想史角度对这一学派的关注和研究。

参考文献

1. 保罗·斯威齐. 资本主义发展论——马克思主义政治经济学原理［M］. 陈观烈，秦亚男，译. 北京：商务印书馆，1997.

2. 杨晓玲. 技术和产品市场垄断与技术进步——当代资本主义再认识［M］. 天津：天津社会科学院出版社，2005.

3. 布鲁厄. 马克思主义的帝国主义理论［M］. 陆俊，译. 重庆：重庆出版社，2003：149.

4. 保罗·巴兰. 发展的政治经济学［M］. 北京：商务印书馆，2000.

5. 哈里·马格多夫. 帝国主义时代——美国对外政策的经济学［M］. 伍仞，译. 北京：商务印书馆，1975.

6. 聂志红. 发达与不发达：基于经济剩余概念的解析——巴兰和斯威齐的资本主义经济发展思想［J］. 海派经济学，2015，13（04），141－151.

7. 王旭琰. 从垄断资本到垄断金融资本的发展——评“每月评论”派论资本主义新阶段［J］. 国外理论动态，2011（01），38－43＋49.

8. 约翰·B. 福斯特，孙寿涛. 纪念哈里·马格多夫［J］. 国外理论动态，2006

(03), 42 –46.

9. 约翰·B. 福斯特，王淑梅. 重新发现帝国主义［J］. 国外理论动态，2004 (01), 6 –10.

10. 曾伟. 如何看待当代世界经济体系中的“不发达”与资本主义发展模式——从保罗·巴兰“经济剩余论”的新视野［J］. 现代经济探讨，2012（10），5 –9.

11. 约翰·B. 福斯特. 垄断资本的新发展：垄断金融资本［J］. 云南师范大学马克思主义理论研究中心，译. 国外理论动态，2007（03），7 –12.

12. 陈学明. 评 J. B. 福斯特论述“新帝国主义”的三篇文章［J］. 毛泽东邓小平理论研究，2005（12），77 –84.

13. 符豪，程恩富. 21 世纪美国《每月评论》的马克思主义政治学研究［J］. 国外社会科学，2021（02），149 –157.

14. 约翰·贝拉米·福斯特，罗伯特·麦克切斯尼，贾米尔·乔娜，张雪琴. 垄断资本的国际化［J］. 政治经济学报，2016，7（02），99 –114.

15. 王琳，尹徐念. 20 世纪 70 年代后美国经济陷入长期衰退的原因——自由竞争学派与垄断资本学派的争论［J］. 海派经济学，2017，15（03），158 –170.

16. Edward M. Graham and Paul R. Krugman. Foreign Direct Investment in the United States . Washington, D. C.: Institute for International Economics, 1995, 193.

17. Paul M. Sweezy. More (Or Less) on Globalization. Monthly Review, Vol. 49, No. 4, 1997 (9), 3 –4.

18. Cambridge, Mass: Harvard University Press, 2011.

19. Harcourt, Bernard E. The Illusion of Free Markets: Punishment and the Myth of Natural Order .

20. Lucas Chancel, Thomas Piketty, Emmanuel Saez, Gabriel Zucman. World Inequality Report 2022. World Inequality Lab. 2021.

（作者单位：南开大学马克思主义学院）

中国思想史的定性与读法[①]

——冯友兰"哲学之读"的局限性及其超越路径研究

许光伟

摘要：综观人类思想史，思想路线斗争遵循一定的运动轨迹。其一般的规律为：思想的认识论类型起于思想构造，思想构造源于思想运动，思想运动则体现对象逻辑之于对象历史的运动的依存关系。中国思想史的"定性"应从这一整史出发，依据中国对象的客观辩证法——生产方式运动和构造确定中国思想路线的斗争类型，锚定转化运动的历史序列及其结合区域、作用范围，形成"中国哲学史"道路特殊（即"思想共相"）的材料对象（即"思想殊相"）——主体论、阶级论、知识论。《中国哲学史》→《中国哲学史新编》的路径在一定程度上响应上述工作要求，于读、写层面把握思想领域特定研究对象的道路性质与认识规律，实现哲学视野的"中国思想之读"。尽管如此，冯友兰的哲学"读法"终究未能解决哲学基本问题的中国运用问题，其以主体哲学思想求索和现代化的哲学命题求解，留下"晚年之惑"。这是冯友兰未竟事业的晚年努力，其以中国思想为对象的哲学史研究中道止步，留下了理论困惑与可供进一步研究的工作线索。作为系统耙梳中国哲学史的首位思想大家，冯友兰历史研究的主观主义不足带有明显的时代印记，但无论如何，其骄人的学术成

① 江西省高校人文社会科学研究项目"以马克思主义经济学支持社会主义现代化的理论与实践研究"（JJ21119）。

就对后来者而言无疑是莫大激励和极大启迪。

关键词：中国思想史　中国哲学史　对象　主观　客观　主体　客体　阶级

一、引言：为什么历史研究必须坚持以马克思主义为指导

冯友兰《中国哲学史》坚持中国思想的“主体哲学”读法非常难能可贵，正是这种读法奠定了中国思想哲学研究的两个历史分期：曰子学时代、经学时代。这其实是“中国哲学之写”。然则，对历史研究为何优先执行“哲学之读”？答案在于读的定性由哲学开始，尤其对思想史的阅读而言，乃是确定哲学派系的需要。哲学是思想路线的立基。其并非如李泽厚所言的思想史可用哲学研究的方法、亦可用历史研究的方法的随大流的说法，好像是若干派系的中国思想史研究的并立：曰“哲学家的思想史研究”（所谓哲学史派）、“社会史学家的思想史研究”（所谓社会学派）、“‘一般态思想史’派对‘一般知识、思想与信仰的世界’的研究”（所谓一般形态思想史派），以及“多学科‘综合派’的中国思想史研究”（所谓多学科综合研究派），等等。① 盖因哲学之读领衔了主观批判，由主观批判启动客观批判、由主体批判而客体批判——这就是通常所说的马克思主义的思想史研究纲领路线。

可见，在材料来源上哲学史取自思想史，是对思想历史的以认识为对象的主观生产（或曰“理论创作”），② 它形成思想概念的辩证法，但是，一旦锁定历史为观念史，由其支持的理论生产在产物上亦必是“主观理论”；此是哲学被认定为“精神的反思”和“认识的反思”的根据——所谓“批判哲学”。从思想运动形成的构造根据看，哲学之读是读的行动启动——作为哲学家的读，“恰恰是要对一种特殊论述的特殊对象以及这种论述同它的对象的特殊关系提出疑

---

① 蒋广学．“中国思想史”研究对象论之评议［J］．江海学刊，2003（2），141－147＋207．

② 以中国思想研究为例，主张中国思想史和哲学史应有所区分的观点，事实上是认为：“‘哲学史’应该把研究的内容更集中，重点放在研究人类理论思维发展的内在逻辑的历史……就中国思想史来说，更可以把‘国学’‘经学’作为它的基本内容来加以研究。”汤一介．中国哲学史与中国思想史［J］．哲学研究，1983（10），61－63．

问。这就是说要对论述对象的统一提出认识论根据问题”。[①] 进一步，哲学阅读必然推进为哲学之写，后者定格“主观史的对象”（思想领域的主观批判），完成对“读的定性”（历史理论）的认知启动，哲学的反思则质询“读的前提”（即写的规定）的状况。[②] 在这当中，只有马克思主义真正越出哲学自身的工作范围，将“读的前提”继而推进到对“写的前提”，即马克思主义认识论的追问，使书写的工作从主观史的领域跃进到客观史的领域。然则，社会形态是对“写的定性”的历史认知，而引出“马克思主义的前提为历史实践本身”的结论。历史的定性→写的定性→读的定性→对“历史（思想）”的读法，这是马克思主义真正的知识生产，从整体上实现历史认识的“予欲无言”。这样看来，中国思想史的研究结构和《资本论》历史部分的研究结构的性质是相同的，均是大写字母的理论史的工作对应。

关于读和写的辩证法，阿尔都塞确认：“斯宾诺莎是第一个对‘读’，因而对‘写’提出问题的人……使我们理解了，马克思之所以成为马克思就是因为他建立了历史理论及意识形态和科学之间的历史差别的哲学……（为此）必须转向历史，才能把这种读的神话消灭在它的巢穴中……只有从被思维的历史，从历史的理论出发，才能够说明阅读的历史宗教。”于是，“如果我们回到马克思，我们就可以发现，我们不仅通过他说的话，而且通过他做的事，可以准确地把握他的最初的阅读观念和阅读实践向新的阅读实践的转换，会向我们提供一种新的阅读理论的历史理论的过渡。”[③] 哲学由宗教转化而来，为阶级所驱遣，上升为阶级认识和意识形态工具。[④] 人类之读、封建之读、资本之读、国家之

---

① 阿尔都塞，巴里巴尔．读《资本论》[M]．李其庆，等，译．北京：中央编译出版社，2017，3.

② 以《资本论》阅读为例，阿尔都塞指出：“从哲学角度阅读《资本论》和无辜的阅读完全不同，这是一种有罪的阅读，不过它并不想通过坦白来赦免自己的罪过，相反，它要求这种罪过，把它当作‘有道理的罪过’，并且还要证明它的必然性，以此捍卫它。因此，这是一种特殊的阅读，它向一切有罪的阅读就它的无罪提出了一个简单的问题，即‘什么是阅读?’正是这个问题撕掉了它无罪的面纱，而特殊的阅读却通过提出这个问题证明自身是合理的阅读。”参见：阿尔都塞，巴里巴尔．读《资本论》[M]．李其庆，等，译．北京：中央编译出版社，2017，4.

③ 阿尔都塞，巴里巴尔．读《资本论》[M]．李其庆，等，译．北京：中央编译出版社，2017，5-7.

④ 冯友兰称之为：“唯物主义与唯心主义的斗争，就是阶级社会中的阶级斗争的反映，同时也就是其斗争的一部分。就唯物主义和唯心主义的阶级根源说是如此。”然则，“就认识论的根源说，唯物主义与唯心主义的斗争是科学与宗教的斗争在哲学方面的反映，也可以说是科学与宗教的斗争的继续和发展。宗教不会自动让位于科学，必须经过激烈的斗争，科学才能取得其应有的地位。”参见：冯友兰．中国哲学史新编试稿：上册[M]．北京：中华书局，2017，13-14.

读、劳动之读，此政治经济学批判通史的“六读”（亦是六论）无不穿插有哲学之读元素，乃至是哲学的结构之读。人类处于阶级社会工作区间内，是难以走出哲学的，不过通过“走出哲学的认识论努力”即客观史的理论范畴，我们仍然可以建立对“走出神秘”行动的追求。应在这种工作语境中寻求主体哲学对知识哲学、历史哲学对科学哲学的内部结合关系的解读，使其合并为统一的一门哲学——世界观哲学，为此，“讲哲学史之一要义即是要在形式上无系统之哲学中，找出其实质的系统”。[①] 由于这个系统的客观存在，哲学路线斗争不仅仅为“读的原则”，更是作为了“写的原则”，乃至促成读向写的工作转化；“故哲学史之专史，在通史中之地位，甚为重要；哲学史对于研究历史者，亦甚为重要……故哲学史对于研究哲学者更为重要”。[②] 这样也就有了历史世界的思想路线——客观主义和主观主义（针对以主体思想为运轴的世界观哲学 I）与唯物主义和唯心主义（针对以逻辑为知识工具的世界观哲学 II）之间哲学认识论的路线区分与斗争联合，在工作现状上，它们共同指导中国思想领域的研究；在现实逻辑上，它们因应着历史的转化运动，于实践历史观与实践认识观上启动“中国哲学史”，为此，在思想领域仍然需要客观辩证法工具。这是“对象的秘密”，指明思想领域与真实世界领域的“生产方式”是同一个东西，它们共同观照着历史世界的整体状况，是以应依照哲学史的不同书写时代，对其联合状况进行有针对性的考察。

二、《中国哲学史》：中国思想史的哲学定性与读法

中国思想史读之定性在胡适看来即是“哲学本身”，这是学科划界之读。因此，设若中国思想史“哲学研究”具有认识误区问题，是从胡适的读法开始的。在率先写出自己的哲学史的中国学者中，胡适绝不是第一人，在他之前尚有谢无量、钟泰二位，冯友兰则排在其次。不过，“金岳霖审查冯友兰的《中国哲学

① 冯友兰. 中国哲学史：上册［M］. 上海：华东师范大学出版社，2011，8.

② 冯友兰. 中国哲学史：上册［M］. 上海：华东师范大学出版社，2011，10.

史》时，发现胡适的《中国哲学史大纲》并没有采取‘客观的’立场，而是‘根据于一种哲学的主张而写出来的’，不知不觉就流露出‘成见’，而且是‘多数美国人的成见’；相反，冯先生的著作却不是‘以一种哲学的成见来写’的，所以要比胡著为好”。[①] 不仅如此，胡适研究中国思想史所采用的实用主义方法的危害性也很大。[②] 关于子学时代哲学发达的原因，“胡适之先生论老、孔以前之时势，归结于‘政治那样黑暗，社会那样纷乱，贫富那样不均，民生那样困苦。有了这种形势，自然会生出种种思想的反动’。此种形势在中国史中几于无代无之，对于古代哲学之发生，虽不必无关系，却不能引以说明古代哲学之特殊情形。”[③] 胡适的真实说法是，“学术史上寻因求果的研究是很不容易的”，故此，“我们现在要讲哲学史，不可不先研究哲学发生时代的时势和那时势所发生的种种思潮”。“第一是那时代政治社会的状态，第二是那时代的思想潮流。”[④] 胡适未曾虑及将中国哲学史写成“中国思想分析史”，对中国哲学产生原因与根据的分析是非常草率和随意的，其实，子学时代哲学发达之原因和中国封建关系的历史形成有关。“在一个社会为一个阶级所统治的时候，代表一个统治阶级的思想就是当时统治的思想……在一个社会从一种社会制度转向另一种社会制度的过渡时期，原来的统治阶级已经逐渐失去它的统治权威，新的阶级还没有取得统治地位。在这个时期，旧的统治思想也失去了统治地位，新的统治思想还没有建立起来。在这种情况下，社会中的各个阶级都或多或少地有机会提出了他们的要求和愿望。代表他们的或者接近他们的知识分子，也都或多或少地有机会把这些阶级的要求和愿望在一定程度上系统化、理论化。这就成为代表这一阶级的哲学思想。春秋战国时期在如上所说的复杂错综的阶级分化和斗争的情况下，出现了‘百家争鸣’的局面。这时期的‘百家争鸣’是当时阶级斗

① 张耀南．从“合法性”的讨论到“中国哲学史学史”的构建［J］．北京行政学院学报，2004（2）：73－75．

②“实用主义用什么方法把它自己装扮成好像是科学的哲学呢？主要是用它的主观唯心论的认识论来曲解科学，通过这种曲解来把自己打扮成好像是一种科学的思想的思想方法，实用主义骗人的技巧主要就在这里。”参见：艾思奇．批判胡适的反动哲学思想［M］．北京：中国青年出版社，1955，8．

③ 冯友兰．中国哲学史：上册［M］．上海：华东师范大学出版社，2011，16．

④ 胡适．中国哲学史：上册［M］．北京：新世界出版社，2017，22．

争在思想战线上的反映。"①

要之，中国思想研究是从属于"写中国"的理论生产，这决定从各门思想研究的专史中需要提炼出一门通史路径的总史。其意义在于提出并执行中国主体思想批判之任务以配合客观史的"中国批判"理论，故应给予"中国哲学史"命名。不同于胡适以逻辑实证的哲学之写，冯友兰以主体思想为中国哲学的书写对象，这使哲学定性有了共殊关系的理论争鸣与定位，是为"严格的中国之读"，这是胡适的研究远远不及的。② 其观照着中国哲学史所面对的三个时代：第一时代曰封建关系的历史形成，第二时代曰封建关系与商品关系的历史共生，第三时代曰封建关系向社会主义关系的历史转化；很显然在这当中，"第二时代"乃是建构了中国封建关系的典型样态。用冯友兰的话说，"中国历史的一个特点，是中国社会长期处在封建社会这个阶段。中国哲学史的绝大部分也是封建社会的哲学史"。③ 此意味着封建关系是比照资本关系的哲学对象的另一典型，那么，如何全面认识和系统地把握住这个对象呢？冯友兰认为，这是东西方哲学在认识论上的共与殊关系，为此谋划了"子学——经学——后经学"的历史分期。逻辑是历史的表达，真正的分期依中国通史的自然生长段落而定，参照依据是各个"共同体时代"的生产方式类型学，如共同体生产方式→家—国 I→家—国 II→党—国 I→党—国 II。这些分期为累进之过程，对照中国封建关系的演变运动，其逻辑线索是发生的转化运动（生）→成长和演变的转化运动（生命过程）→灭亡的转化运动（死）。此累进运动复表现为道路共相之思想生产方式的一以贯之，从而，前期的主体哲学必然作为后期的历史哲学的根据，并充作底层工作者。这是冯友兰先生指示的中国固然已处于近世，而依然依傍"上古时期的哲学"的谜底所在，至于中国的中古哲学在思想内容及其思想表达方式上都诸多地依傍先秦至汉初的诸子之学，也就更加不足为怪了。个中原因自然归于中华共同体生产方式的历史基本形成，却不是冯友兰先生指示的主观理

① 冯友兰．中国哲学史新编试稿：上册［M］．北京：中华书局，2017，82．

② 尽管如此，相较于中国通史，如上指出：冯友兰本人仍旧习惯性地称"这是一门专史"，"它应该不同于中国文学史、中国科学史等，也不同于一般的思想史"。参见：冯友兰．中国哲学史新编试稿：上册［M］．北京：中华书局，2017，5．

③ 冯友兰．中国哲学史新编试稿：上册［M］．北京：中华书局，2017，37．

由：先秦诸子“思想言论之自由”，盖处于“一大解放时代，一大过渡时代也”，而能“欲使时君世主及一般人信从其主张，亦须说出其所以有其主张之理由，予之以理论上的根据”。①

同样是囿于未能解决继承发展的理论生产特征问题，冯友兰断言：中国社会在许多方面不如西方社会，在于中国历史缺少近古时代，在哲学方面“特其一端”。对于中国之“没有近古哲学”，冯友兰发出哀叹：中国在世界近古的哲学时期依然迟滞于“经学时代”！是以和阿尔都塞一样，在考察“中国近古时代”哲学史的前进运动方面，冯友兰依旧果断支持“认识论断裂说”，即“通过严格的区分说明它的对象，从而使我们有可能提出我们所关系的问题，即通过认识对象，从认识论上掌握现实对象的问题”。② 这最终导致对经学时代结束的考察，冯友兰失之谫陋，亦很空泛。他这样讲道：“在廖平未死之前，即在其讲经学五变之前，撇开经学而自发表思想者，已有其人。故中国哲学史之新时代，已在经学时代方结束之时开始。所谓‘贞下起元’，此正其例也。不过此新时代之思想家，尚无卓然能自成一系统者。故此新时代之中国哲学史，尚在创造之中；而写的中国哲学史，亦只可暂以经学时代之结束终焉。”③ 但是，“廖平在经学第一变能做出超越前人的学术贡献，就在于他是把经学的问题作为历史来研究的”。故此，“廖平经学六变的发展逻辑说明了这样一个基本的历史事实：经学在近代中国已失去了继续存在和发展的社会条件”。④ 经学时代之转向后经学时代的过渡期，是经学谋求自身变革以求顺应社会潮流的特殊发展阶段。所谓“后经学”时代，则为走出经学之中国思想创造，实非“西学时代”；就经学持续进行的创造性转化的行动看，所达成的现代性路向仍旧是“中学为体、西学为用”，不过是主体之改造（自我扬弃运动）愈加社会化了，遂由封建改造转为社会改造、国家改造之运动。在这一时代尽管有来自外部的冲击，但中国的发展乃至哲学认识的发展毫无“依傍西方”之主流迹象，与之相反，是展示着勃

① 冯友兰．中国哲学史：上册［M］．上海：华东师范大学出版社，2011，19．

② 阿尔都塞，巴里巴尔．读《资本论》［M］．李其庆，等，译．北京：中央编译出版社，2017，67．

③ 冯友兰．中国哲学史：下册［M］．上海：华东师范大学出版社，2011，264．

④ 黄开国．廖平经学六变的发展逻辑［J］．四川大学学报（哲学社会科学版），1992（2），36－40．

勃生机的中国特色成长景象。

然则，中西的文明规划之间到底是道路共殊关系，还是哲学共殊关系呢？让我们由一个思想的释谜开始——《易》何以是阐述规律和知识的“代数学”。冯友兰和许多研究者一样，将《周易》认作是一部极其伟大的哲学书。[①] 而同时，从冯友兰对《周易》这部著述的理解与处理来看，是视之为又唯物又唯心的，给他的读者留下了难解的谜。[②] 从认识论看，《周易》当然是一部客观主义的哲学书。而一旦书写历史的对象规定被抽掉，其瞬间由历史之客观理论反映（即“写的历史”）降格为仅仅是由主观史观照的“读的历史”范畴（哲学认识论），再降至纯粹是技术的“读的工具”；结论似乎是，“对于《易经》的解释的进一步的发展，就是上面所讲‘代数学’的思想。这种思想的开始还可以认为‘道’是在事物之中，不在事物之上；这是上面所讲《易传》哲学的唯物主义的一面。但是，这种思想的发展必然使其对世界的唯物主义的理解逐渐减少，走到上面所讲的唯心主义的道路。于是，《易传》最后构成了它的客观唯心主义体系。这是从《易经》到《易传》，从素朴唯物主义转化为客观唯心主义的认识论的根源”。[③] 从马克思主义哲学用语特征入手，行动主义可以作为唯物主义的主体工作路线的补充——这就是“客观主义”。这样从其论述中可看出，首先，冯友兰是总体肯定《易》作为唯物主义著作的工作性质的。他强调：“由于生产的发展和科学知识的进步，在西周出现了后来唯物主义哲学中的两个重要范畴，

①《系辞》曰：易之为书也，广大悉备，有天道焉，有人道焉，有地道焉，兼三才而两之；故六，六者非它也，三才之道也。即如果说“《周易》兼具宗教与哲学这两种性质并不矛盾，因为从根源上谈哲学就是由原始宗教中产生的”。盖因宗教和哲学同源而异流，“《周易》虽然产生于原始宗教，但它的价值在于它所讲的思想，卜筮不过是它不能缺少的外部形式，哲学才是它的本质”。参见：康学伟. 论金景芳先生的易学思想及其学术地位［J］. 周易研究，2013（5）.

② 如冯友兰一方面讲《易》是关于“自然界和社会的起源”的著作，“《易传》中以‘天地’为基础的一种世界图式，这种对世界的了解，是春秋以前的《周易》中原始的唯物主义世界观的进一步发展”。参见：冯友兰. 中国哲学史新编试稿：上册［M］. 中华书局，2017，541. 另一方面，则认定《易传》在哲学思想上属于“唯心主义体系”，“易传用唯心主义的方法，得到它的‘代数学’以后，就认为它的这个‘代数学’可以范围天地，并且认为掌握这个代数学的人可以‘先天而天弗违’。这就是认为事物发展的规律不是在事物之中，而是在事物之上，不是在事物之后，而是在事物之先。这就是说，可以有脱离事物而单独存在的规律，这就是错误地认为规律是第一位的，事物是第二位的。因此，他的体系基本上是客观唯心主义”。参见：冯友兰.《易传》的哲学思想［J］. 哲学研究，1960（Z2）.

③ 冯友兰. 中国哲学史新编试稿：上册［M］. 北京：中华书局，2017，559－560.

‘五行’和‘阴阳’。” “‘阴阳’的观念，较早的包含在《周易》之中。”①“《易》之一书，即宇宙全体之一缩影也。”② 其次，冯友兰先生似乎暗示《易经》是唯物主义的，而《易传》是唯心主义的。如果是那样的话，那么，中间客观存有一种“转化”。

可对我们而言，“更困难了解的就是唯物主义和唯心主义的相互转化了”。③冯友兰声称：“这种转化有一定的条件；条件就是《易传》哲学所代表的阶级的力量和地位的变化。”④ 然而，说《易传》是唯心主义作品也有待商榷：一方面，需要认识到“《周易》经传密不可分，其思想是高度一致的”；另一方面，应认识到“《易传》的贡献，就在于用哲学语言诠释了《易经》，虽然保留了卜筮的神秘外衣，但却把其卜筮形式与《易传》阐释的新的哲理性内容有机结合起来了，从而形成了以阴阳对立统一为内核的易学新体系，进而使《周易》跳出了巫术的窠臼”。⑤ 所谓：“《易传》之作者，非止一人；然皆本此观点以观《易》，本前人之说，附以己见，务与《易》之卦爻及卦辞爻辞以最大之涵义，以使《易》成为一有系统的哲学书也。”⑥ 并且，冯友兰不是单纯说“唯物”“唯心”是混合的，而有特别意指，即秉持这一思想路线：“相对地说，哲学史有它自己的一般规律。那就是唯物主义和唯心主义，辩证法和形而上学这些对立面的斗争和转化，以至于唯物主义和辩证法的不断胜利。”可以说，“哲学史的这个一般规律，在具体的历史中，有极其丰富的内容，也有变化多端的形式。这个一般规律必须通过这些内容和形式才可以充分地表现出来”。⑦ 可见，主体工作路线的客观主义和主观主义一定要为唯物主义和唯心主义所置换，这导致了对“主体的神秘”的揭示一律由“唯心主义”一词予以表征。于是我们了解到，秉持唯物主义和唯心主义的哲学路线斗争是冯友兰主持中国哲学史研究的一种始

---

① 冯友兰. 中国哲学史新编试稿：上册［M］. 北京：中华书局，2017，63－64.
② 冯友兰. 中国哲学史：上册［M］. 上海：华东师范大学出版社，2011，221.
③ 冯友兰. 论唯物主义与唯心主义的互相转化及历史与逻辑的统一［J］. 学术月刊，1961（11），11－16＋54.
④ 冯友兰. 中国哲学史新编试稿：上册［M］. 北京：中华书局，2017，560.
⑤ 康学伟. 论金景芳先生的易学思想及其学术地位［J］. 周易研究，2013（5），39－46.
⑥ 冯友兰. 中国哲学史：上册［M］. 上海：华东师范大学出版社，2011，216.
⑦ 冯友兰. 中国哲学史新编：第1册：1980年修订本［M］. 北京：人民出版社，1982，6.

终不变的基本点，并为此求索一生。[①]

但通过很多次的编纂实践，冯友兰真切感受到，如果用一条线索，如唯物主义书写中国哲学史，那么无论如何都是难以成行的；“在中国哲学史教学、研究的实践中，冯友兰感到了困惑：按照日丹诺夫的观点，只讲唯物主义对唯心主义的斗争，唯心主义是作为否定的对象而存在的，在中国传统哲学中占主导地位的儒学中，唯物论的思想比唯心论的思想要少得多，由此中国哲学可以继承的遗产就所剩无几了”。[②] 所谓抽象继承法，是冯友兰基于上述困境而萌发的使唯物论与唯心论“思想共生”的一种阅读历史的方法。这表明与一般的学者将唯物主义和唯心主义分立开来思考和进行思想史的考察的做法不同，冯友兰先生试图归并它们，作为一个思想全体和具体共相。所以，正确的看法应当是：“哲学史要说明唯物主义的胚胎、发生和发展，当然要尽可能地多讲。但是它和唯心主义的胚胎、发生和发展是纠缠在一起的。这两个对立面互相对立但也互相依存，互相区别但也互相渗透，互相斗争但也互相转化，并不是像两条平行线，互不相干地各自发展……问题不在多讲或少讲，而在怎样讲。”[③]

思想是有机的，具有统一的历史构成。一方面，唯物主义和神秘主义（主体的神秘主义即主观主义）是同一生长系列的两极转化——如商品和拜物教，所谓“天命主义共相”；另一方面，客观主义（主体的客观主义即行动主义）和唯心主义是同一生长系列的两极转化——如黑格尔的辩证法，所谓“人本主义共相”。于是，“唯物主义和神秘主义共相，而唯心主义又和行动主义共相，表明求其理论结构必由‘方法论’入手”。[④] 这就要求寻找统一道路共相的中华思想学“以太”；又或可以说，唯物主义同唯心主义对立统一的规律被冯友兰视为“哲学的对象”，并以之为工作方法整理中国历史，试图从中发掘出“抽象或一

① 用冯友兰先生自己的话说，“就是用马克思主义立场、观点和方法重写一部《中国哲学史》”。参见：冯友兰．中国哲学史新编：上册［M］．北京：人民出版社，自序，2004，1.

② 陈卫平．“抽象继承法”蕴涵的问题：传统哲学何以具有当代价值［J］．社会科学，2013（5），111－116.

③ 冯友兰．中国哲学史新编试稿：上册［M］．北京：中华书局，2017，6.

④ 许光伟．熊十力本体论批判思想及其思维学意义——中国特色社会主义政治经济学方法论基础研究［J］．经济思想史研究，2020（2）.

般意义的继承”规定，更准确地说，是实现“历史具体→抽象意义”提升路径的继承。抽象继承法不能算作书写历史，而委实作为阅读中国的方法论。① 例如，冯友兰声言：“如果有可以继承的价值，它的抽象意义是可以继承的，具体意义是不可继承的。”盖因“唯物主义的命题在各时代都有它的特殊意义”，其打算设法寻求这一意义以徐图实现“把它的一般意义及其具体特征结合起来”，故“在谈继承的时候，是给以前的唯物主义的一般意义一个新的形式”。② 但同时，冯友兰又适时进行自我批评：“立场是隐瞒不住的。在‘中国哲学史’里，我表面上说是认为各家各派都有‘贡献’，要把他们的‘贡献’，都叙述出来……表面上说是对于各家各派，都取‘超然’‘中立’的态度，‘一视同仁’，但是实际上是有褒贬抑扬的。关于孔子和墨子的思想的叙述，就是一个很好的例证。”③ “我的‘抽象继承法’所用的诡辩术，主要是把个别同一般割裂开来，是‘用名以乱实’。但是这样的割裂，也就会把现象和本质混淆起来。”④

简短小结：回头来看，围绕“中国哲学遗产的继承问题”的争议并非源自冯友兰本人，甚至不针对新理学的批判，而委实系于中华语境的“唯物主义与唯心主义路线斗争”。文化的质性差别、哲学的质性差别背后是历史道路的差别。冯友兰置身中西对话的工作语境，试图通过自己的努力找出客观主义的中国哲学思想价值线索，却未触及客观主义与主观主义路线斗争问题，在研究上固然失之偏颇。不过应当承认：“冯友兰提出‘抽象继承法’不仅是为了对中国传统哲学的唯心主义有恰当的历史评价，更是为了强调包括儒学在内的传统哲学的当代价值。”⑤ 由此，冯友兰针对《周易》的研究提出“科学的任务就是扩大知识领域”，“基本原则就是历史唯物主义的原则、辩证法的原则。在这些原

---

① 冯友兰先生决不愿承认马克思主义世界观和方法论对于“写中国”的科学指导作用。新中国成立后，他被迫转变学术立场，努力转换哲学的话语方式，不过，也只限于这个范围。冯友兰把写的历史始终只认作“主观史”范畴，强调“哲学史要照着说，哲学要接着说”——这仍然是哲学定性。实际上，他从来没有真正运用马克思主义的立场、观点和方法来研究中国历史，所以终究停留在“读中国”的研究水准。

② 冯友兰. 再论中国哲学遗产的继承问题 [J]. 哲学研究，1957 (5)，73 - 81.

③ 冯友兰. 过去哲学史工作的自我批判 [J]. 北京大学学报（哲学社会科学版），1956 (2)，15 - 23.

④ 冯友兰. 批判我的“抽象继承法”[J]. 哲学研究，1958 (5)，41 - 45.

⑤ 陈卫平. “抽象继承法”蕴涵的问题：传统哲学何以具有当代价值 [J]. 社会科学，2013 (5)，111 - 116.

则的指引下，搜集史料，根据史料做出结论”。[①] 冯友兰很希望找寻出中国自己的“思维的手段”，以为“认识论和逻辑学的根本问题是共相和殊相的分别和关系的问题”，又可以说，“这个问题是贯串于中国哲学发展的过程中的一个根本问题，不过随着各个时代的不同，其表现形式也有所不同。从先秦诸子说起，儒家讲正名，法家讲综核名实，名家讲合同异、离坚白，道家讲有无，说法不同，其根本问题都是共相与殊相的问题。魏晋玄学继续发挥有无问题。宋明道学所讲的理欲道器问题，归根到底，也还是共相与殊相的问题”。[②] 正是出于对哲学之读的眷恋，他后来又强调说：“在中国哲学史中，《周易》这部书可以说是一部‘精神现象学’。”这是因为，“哲学史中的大哲学体系都是一套人类精神的反思”，乃至于可推断，“近代的唯物主义科学，整个的马克思主义体系，也都是人类精神的反思，所以也都是‘精神现象学’”。[③] 这就挑明了《周易》研究的主旨和真正意义：“它在一个更高和更深的维度上提示，在当下以及未来，中国的思想与哲学理论工作者在将任何西方思想概念引入中国的语境时，须保持清醒的头脑。”[④]

三、《中国哲学史新编》：“读的定性”向“写的定性”转化

中华思想学的思想有机构成是由主体观决定并反映主体观的知识观，这决定了其采用世界观哲学的工作通式书写总史。工作通式分为四种结构：

Ⅰ. 客观主义 + 唯物论

Ⅱ. 客观主义 + 唯心论

Ⅲ. 主观主义 + 唯心论

Ⅳ. 主观主义 + 唯物论

---

① 冯友兰. 从《周易》研究谈到一些哲学史方法论的问题 [J]. 哲学研究，1963 (3)，41 - 44.

② 冯友兰. 怀念金岳霖先生 [J]. 哲学研究，1986 (1)，20 - 22.

③ 冯友兰. 中国哲学史新编（上册）[M]. 北京：人民出版社，2004，14 - 15.

④ 田辰山. 中国辩证法：从《易经》到马克思主义 [M]. 萧延中，译. 北京：中国人民大学出版社，中文版序，2008，3.

从而，主体工作路线的思想斗争集中体现于Ⅰ和Ⅲ之间，Ⅱ和Ⅳ作为思想共相的生长结构从属于路线斗争；换言之，在共同体生产方式及其“道路共相”下，唯物论与唯心论的知识观差异仅仅是主体工作路线的一个派生，二者之间并不直接形成“路线斗争”（如中华思想典型工作样态）。在向马克思主义思想前进的过程中，冯友兰没有看到中国古代社会发生在知识生产领域内的路线斗争是从属性质的，中国阶级斗争的思想主线根本不取决于此。中国古代社会阶级斗争思想主线是围绕“家国同构”这一历史进程的客观主义（行动主义）与主观主义（神秘主义）的主体路线斗争——就像阿尔都塞说的，“当人类学家和民族学家想要探寻经济因素，却碰上亲族关系、宗教制度等时，他们‘知道’该遵循什么；当中世纪专家试图在‘经济学’中寻找历史上起主导作用的决定因素，最终却在政治和宗教中发现了这种决定因素时，他们‘知道’该遵循什么。在所有这些场合，都不能直接看到经济，都不存在原始的经济‘既定存在’，正像在任何一个层次都不存在直接‘既定的’作用一样。在所有这些场合，经济的确证是通过自身概念的建立来达到的，而自身概念的建立又以整体结构的各个层次的特殊的存在和联系的规定为前提，因为这些层次必然包含在我们考察的生产方式的结构之中”。总之，“马克思经常说，那些在资本主义社会中被掩盖了的东西在封建社会或原始社会中却是一目了然的，但是正是在这些社会中，我们清楚地看到经济不是一目了然的！同样，也正是在这些社会中，我们清楚地看到社会结构的各个层次的作用程度也不是一目了然的”！[①] 以“知识论社会”倒过来看待主体社会的结果是，唯物主义、唯心主义分别成了同一道路“共相”的不同知识观，直至成了主体思想者的思想“殊相”——唯物论、唯心论。

说到底，中华语境的唯物论和唯心论的思想殊相（知识观的差异）不构成路线斗争的两极，因而不能以哲学中“两个对立面的斗争和统一”来论处，而取决于决定知识的前提——主体状况，即“谁”主导知识生产的认识论路线问

① 阿尔都塞，巴里巴尔．读《资本论》［M］．李其庆，等，译．北京：中央编译出版社，2017，200.

题。这是冯友兰面对唯物主义和唯心主义路线斗争的政治写作任务时，所遇到的在其当时状况下难以克服的研究难题。须知在马克思主义中，哲学路线斗争是“就其认识论的根源和阶级的根源”而论的，所以，“是互相排斥、互相斗争的”；但是在解决中国思想问题时，“他们的困难的一个原因在于，在谈到唯物主义和唯心主义的时候，他们总是自觉或不自觉地离开哲学史中的具体的哲学体系，而只想到抽象的唯物主义和唯心主义……另一个原因在于，他们认为，只有唯心主义中的正确部分才可以与唯物主义互相贯通、互相渗透，但是唯心主义中不会有或不一定有正确部分。只有唯物主义中的错误部分才可以与唯心主义互相渗透、互相贯通，但是唯心主义中不一定有错误部分。（同时）对于‘贯通’和‘渗透’这样的了解，也是片面的”。[①] 这是“知识论的哲学”移植所遇见的必然难题：“可以说，现代民族学和人类学所遇到的困难，大部分来源于它们在处理（描述性）民族志‘事实’和‘材料’时没有从理论上注意建立它们研究对象的概念：这种疏忽注定了它们要把那些对它们来说实际上规定着经济的范畴，也就是现代经济学的而且本身往往是经验主义的范畴应用到民族学的现实上去。光是这一点就增加了许多迷雾。”[②]

冯友兰太过执着于中国思想研究的“哲学共相与殊相”关系问题，未曾对道路共殊关系有过认真深入的勘察。再以《中国哲学史》为例——这部书是冯友兰“读中国”的思想总起，“这部书没有按照传统的方法把历史划分为古代、中古、近代三个时代，而代之以另一种分法，把中国哲学史划分为两个时代……相当于西方哲学史中的古代、中古时代。这部书断言：严格地说，在中国还未曾有过近代哲学，但是一旦中国实现了近代化，就会有近代中国哲学”。[③] 冯友兰这里的中国思想研究依旧是回到了胡适“封闭的哲学定性”的旧路。须知中西哲学思想之间乃至哲学史的形成之间并没有一成不变的公式对照，不仅如此，“中西哲学事实”在逻辑关系上恰恰是相反相成的。然则决不像马克思主

---

① 冯友兰．中国哲学史新编试稿：上册［M］．北京：中华书局，2017，16－17．

② 阿尔都塞，巴里巴尔．读《资本论》［M］．李其庆，等，译．北京：中央编译出版社，2017，201．

③ 冯友兰．三松堂全集：第1卷［M］北京：人民出版社，2000，308．

义哲学教科书说的那样，马克思主义是从唯物主义出发的，绝不是如此；马克思主义的理论体系化是从严格实践的哲学路线斗争出发的，推广来说，马克思主义即是从“总史”出发的主观批判启动客观批判的体系不断形成。中国哲学的理论基础同样是马克思主义指导下的历史理论生产，即沿着主体论（主体观和历史观）路径成长的中国批判。“全部哲学，特别是近代哲学的重大的基本问题，是思维和存在的关系问题”。① 思维对存在的关系问题，从主体社会看，即在对共同体生产方式的历史推进上是持有历史世界的客观主义的行动标准，还是持有历史世界的主观主义的主体标准；其对世界本原的回答不是“主客二分”而是“天人合一”的模式，从某种意义上说，这一作答模式乃是知识生产时代对“主客二分”模式的工作启蒙。不过，绝不能混淆二者，同时绝不能“像排兵布阵一样分成敌我双方”，好像说：“凡是被归入唯物主义的为一方，被归入唯心主义的为另一方。唯物主义是正方，唯心主义是反方。”然而，“判断谁是唯物主义或唯心主义的标准又很难确定，以致在对古希腊、中国古代及欧洲中世纪那些根本不知道什么是唯物主义、唯心主义的思想家下断语的时候就相当为难，并因此而形成分歧和争论”。② 在中国古代思想研究中，如同冯友兰上面介绍的，如果作为一种历史书写方法，这一做法实际就难以操作；③ 何况，冯友兰的编写已经自我执行了“写的历史 = 主观史”这一主观主义路线的理论自觉。于是，“在目前情况下，我感到，我的《中国哲学史新编》有一项新的任务。它应当不仅是过去的历史的叙述，而且是未来的哲学的营养”。④

《中国哲学史新编》“读的定性”向“写的定性”的转化分成两个阶段：改

① 马克思恩格斯文集：第4卷［M］. 北京：人民出版社，2009，277.

② 刘永佶. 劳动主义：上卷［M］. 北京：中国经济出版社，2011，15－16.

③ 在对思想类型的实际撰写中，所遇见的这种情形很普遍。“就哲学中具体的体系说，如儒家和墨家是互相批评的。墨家对儒家的批评构成墨家体系中的一个密不可分的组成部分；儒家对墨家的批评也构成儒家体系中的一个密不可分的组成部分。这两家之中，正是‘你中有了我，我中有了你’，谁也离不开谁。这就是这一对对立面之间的互相联结、互相贯通、互相渗透和互相依赖。如果说离开儒家，墨家还可以有它的唯物主义体系，离开墨家，儒家还可以有它的唯心主义体系，这当然是可以的。不过那就是中国哲学史中的墨家和儒家。这样地谈唯物主义和唯心主义的对立，还是抽象地谈，不是对具体的体系作具体的分析。抽象地谈永远不能了解二者之间的同一。”参见：冯友兰. 中国哲学史新编试稿：上册［M］. 北京：中华书局，2017，17.

④ 冯友兰. 三松堂全集：第1卷［M］. 郑州：河南人民出版社，2000，311.

革开放之前的试稿和改革开放之后的成稿；这两个阶段表现内容不同，但形式上都是谋求子学时代、经学时代和后经学时代的历史逻辑统一。客观史是累进的序列，主观史亦是累进的序列；联结二者的中国哲学史即中国理论范畴生产，必然也是累进的认识序列：①“主体—社会”生成模式→②客观主义和主观主义的思想路线斗争（解决阶级社会形态的主体状况）→③唯物主义和唯心主义的思想路线斗争（解决阶级社会形态的知识状况）→④“主体—客体”实践模式。因此为达到这个目标，环节①必须被刻画为社会形态从生产方式形成结构来看的生成运动构造：人类共同体—主体社会—阶级社会—民族国家形态。冯友兰没有看到环节②和环节③之间客观具有的母子体用继承关系，导致在转化的第一阶段，他贸然以主体社会的理由拒绝阶级社会的客观普遍的哲学路线斗争，强调：盖因“唯物主义和唯心主义是哲学这个统一体的两个对立面。凡是一个统一体的对立面都是互相排斥、互相斗争的，这是对立面对立的一个方面。另一个方面是它们之间的统一或同一”。但是，“有人不承认唯心主义在一定的条件下可以转化为唯物主义，但承认有些唯心主义体系曾经‘刺激’或‘诱发’唯物主义，使之有进一步的发展”。[①] 冯友兰这里确然存有两种不同却彼此拱卫的错误认识：第一，不了解恩格斯提出全部哲学认识论的基本问题是思维和存在的关系问题的时代含义，没有将其解作指导人类知识生产的理论制高点，不恰当地将“主客二分”和“天人合一”在认识形态和实践形态上对立起来；第二，反过来，以教条主义的哲学路线斗争公式掩盖了中国古代社会客观存有的主体思想路线的主线的阐述，并且就实质来说，其也不打算揭示世界观哲学路线Ⅰ向世界观哲学路线Ⅱ的斗争转化。中国哲学史（思想总史）面对的第一个时代是中国世界观哲学路线Ⅰ的形成时代，第二个时代是中国世界观哲学路线Ⅰ的形成和巩固壮大时代，第三个时代是中国世界观哲学路线Ⅰ的转折发展及其向中国世界观哲学路线Ⅱ转化重生的时代。主体路线真正的思想共生是客观主义与唯物论及它的对立面——主观主义与唯心论。冯友兰试图以唯物论与唯

① 冯友兰. 论唯物主义与唯心主义的互相转化及历史与逻辑的统一［J］. 学术月刊，1961（11），11－16＋54.

心论“对立统一体”为思想共生，作为思想斗争路线的前提和结论，并作为中国哲学史的研究对象，是甚为不妥当的。[①] 例如，关于先秦哲学的终结，冯友兰先生给以出乎意料的论断：杂家的出现导致！他这样写道：“凡是一个大哲学家，都能够在自然、社会、人生中发现问题、解决问题。虽然他们所发现的不一定都是真正的问题，虽然他们的解决不一定都正确，但是，他们都是对自然、社会、人生有所认识，有所了解，有所体会。因此，他们的思想都能成为体系，都不失为第一流的哲学家。杂家不是这样……他们在自然、社会、人生中没有基础。他们的体系实在不成其为体系，他们也只能成为第二流的哲学家。他们没有创造性，他们的体系也没有生命力。一个时代的第二流哲学的出现，表示这个时代的创造力已经将要发挥尽致了，再也不能往前发展了。”[②] 这是将一个时代思想的总结过于贬低了，其观察两大阵营复杂曲折的斗争过程，甚至有极其混乱感，所谓：“从先秦的哲学流派看，有些哲学家的思想有唯物主义的一面，也有唯心主义的一面。他们没有完整地建立唯物主义或唯心主义的体系。其中有的在某些重要问题上表现了唯物主义观点，在另外一些重要问题上又表现了唯心主义；有的尚处于唯物主义和唯心主义的转化过程中；有的在两大阵营的斗争中表现出了妥协和摇摆不定的立场。”总之，“情况是复杂的”，尽管如此，“这两大阵营一来一往的反复斗争就是人对自然和社会的认识的过程，在其中，正确的思想逐步得到胜利，这就是先秦哲学发展的基本规律”。[③] 规律当然不是抽象的，其具体的发生路径是初步的客观主义→初步的主观主义→客观主义与主观主义的初步统一。这当然不是什么折中主义，恰恰是世界观蕴含式的

---

① 就实质而言，和唯物论思想共生的当然是客观主义的思想路线。然则，“一本哲学史，对待唯物主义和唯心主义应采取客观主义态度”；如果“不去揭示历史上唯物主义如何继承唯物主义的客观规律，这就必然贬低唯物主义的历史地位，而抬高唯心主义的历史地位”。参见：汤一介，孙长江．读冯友兰著《中国哲学史新编》：第1册［J］．教学与研究，1963（2），59－61.

② 冯友兰．中国哲学史新编：上册［M］．北京：人民出版社，2004，805.

③ 冯友兰．中国哲学史新编试稿：上册［M］．北京：中华书局，2017，659.

初步实现。[①] 折中主义的批评是针对思想的自寻出路，由于不存在自寻出路的门径，所以仿佛是："《吕氏春秋》没有自己的体系，也没有自己的宗主，对于以前各家一律平等看待。"[②]《吕氏春秋》绝不是这样的，其系统总结客观主义与主观主义的理论倾向性非常明显，因而其有"对道家的扬弃""对儒家的扬弃""对墨家的扬弃"，尤其值得注意的是，"自然主义思想是贯串《吕氏春秋》全书的指导思想。需要指出的是，《老子》的自然主义思想偏重于哲学范畴，而《吕氏春秋》的自然主义思想则偏重于政治社会范畴，运用于政治、伦理、战争、艺术等各个领域。《老子》的自然主义思想有回归原始的倾向，而《吕氏春秋》虽然吸取了《老子》的自然主义思想，却对它作了根本的改造，二者性质截然不同"。[③] 归根结底，"《吕氏春秋》正是以海纳百川的胸襟和气概来融通百家的。它的问世使百家之学得到一次很好的整理和总结……体现出历史超越精神，给了后世以极大的启迪"。[④]

在转化的第二阶段，则通过舍弃在第一阶段业已取得的社会形态认识论成果——按中国奴隶社会、封建社会等五种社会形态理论进行的哲学分期，冯友兰先生毅然决定返回自己的旧法——从哲学思想史整理和发掘"哲学史"。这究竟是怎样的哲学思想史呢？第一，改革开放之后的冯友兰"毅然摒弃单数哲学观，表示认同复数哲学观，再次以哲学家的身份出场"。[⑤] 第二，回到并强化"去阶级化"的这一学术认识："哲学史是哲学发展的历史。它并不等于哲学。"[⑥] 这意味着哲学史是历史学中的一门专史，是只专注于研究哲学这门学问的发展的历史。第三，由此改变中国思想研究首先不是一个读法的问题，而是理论定性的判断，转而认可哲学属于"西方之学"，因此从学科建设来看，认为

---

① 须知，"在战国末期到秦汉之际，中国思想界有一种'道术统一'的学说，在思想家与政治家之间流行着……此新派别即是《汉书·艺文志》所谓《杂家》"。"大概而言，道术是对道而言的，道是万事万物的总原理，对于此总原理的知识，就是道术……人所有的一切知识，以及各家的学说，都可以说是道术的一部分，可以说是从道术分出来的"。参见：冯友兰. 中国哲学史（下册）[M]. 上海：华东师范大学出版社，2011，301－302.

② 冯友兰. 中国哲学史新编试稿：上册 [M]. 北京：中华书局，2017，651.

③ 洪家义. 论《吕氏春秋》的性质 [J]. 南京大学学报：哲学·人文科学·社会科学版，1999 (4)，156－163.

④ 任重.《吕氏春秋》的历史超越精神 [J]. 山东大学学报：哲学社会科学，1999 (2)，6－10.

⑤ 宋志明，梅良勇. 冯友兰评传 [M]. 北京：中国青年出版社，2016，282－283.

⑥ 冯友兰. 中国哲学史新编：上册 [M]. 北京：人民出版社，2004，36.

不存在“中国思想史=哲学史”的严格学术问题。第四，出于回应西方学术强势地位的需要，早在20世纪二三十年代胡适和冯友兰分别在北大和清华写出并出版各自的“中国哲学史”，以昌明一个观点：“中国哲学在世界哲学史上有其特定的位置。世界哲学分为东、西两支，中国哲学是世界哲学东支的重要一系。”① 处在晚年境遇的冯友兰朝着这个目标更进了一步，他郑重声明：“我是根据我自己所见到的，不是依傍，更不是抄写。用马克思主义的立场、观点和方法，并不等于依傍马克思主义，更不是抄写马克思主义。”是以“我决定在继续《新编》的时候，只写我自己在现有的马克思主义水平上所能见到的东西，直接写我自己在现有的马克思主义水平上对中国哲学和文化的理解和体会，不依傍别人”。②

此时的冯友兰或许已经认为，从某种意义上说，直接给予中国思想史“哲学史”的命名是不妥当的，也不符合学术规范。毕竟，“今天我们所讲的哲学是经过马克思、恩格斯作了严格科学限定的学科，它的范围仅限于人们对自然、社会、人的思维的一般规律的认识”。③ 由此引发一种看法：思想史和哲学史在对象上具有重大区别，“即前者研究的对象和着重点是思想流变发展规律的历史进程，后者则是理论思维历史发展的内在逻辑”。④ 再有就是持有这种看法：应当把中国思想研究变成每种形态的“哲学+”，“由此看来，思想史的研究不仅包括哲学史，也应当包括哲学史以外的分门别类的思想史……（但无论如何）应该有综合研究，这就是思想史这门学科的任务。思想史作为一门独立的学科，或称之为思想史学，并不是这些分门别类的思想史的简单总和”。⑤ 冯友兰放弃第一阶段的做法，毋庸置疑的理由是取消中国主观批判的“哲学史分期”，代替以“哲学思想分期”。尽管如此，冯友兰先生并不决定因此而放弃马克思主义哲学，他不自觉地认识到，“主观与客观是两个对立面。这两个对立面哪一个是主

① 宋志明，梅良勇．冯友兰评传［M］．北京：中国青年出版社，2016，70.

② 冯友兰．中国哲学史新编：上册［M］．北京：人民出版社，2004，2.

③ 张岂之．试论思想史与哲学史的相互关系［J］．哲学研究，1983（10），63－67.

④ 李锦全．试论思想史与哲学史的联系和区别［J］．哲学研究，1984（4），58－67.

⑤ 张岂之．试论思想史与哲学史的相互关系［J］．哲学研究，1983（10），63－67.

要的？是由哪一对立面决定这个统一体的性质？对于这个问题的不同回答，就成为哲学两大派——唯物主义和唯心主义”。[①]

最终，冯友兰先生不得不面临这一问题：放弃“哲学只有一种讲法”（理论史的哲学），但它同时解决不了哲学史何以能够从中国思想史中独立出来的问题，毕竟，“中国传统哲学中的大部分内容是在奴隶社会和封建社会中形成的，受‘等级的阶级’关系的制约，基本上没有从包罗万象的统一的社会意识形态中分化出来，和宗教神学、伦理政治之间的区别界限不够清楚明朗”。由此，“在中国哲学史研究中，对象、范围的‘纯化’与‘泛化’问题一直存在”。[②]一旦放弃中国哲学史面对的第一时代是“主体社会思想意识”主导的时代，而第二时代是“阶级社会形态思想意识”主导的时代的认识，冯友兰就难以找到思想进阶的历史路线。他没有看到哲学认识论的斗争是通过类似“正、反、合”的进化路线前进的，即世界观哲学的两方以“对立统一”的方式分进合击，产生“合”的形式，即世界观蕴含式——世界观（方法论）。主体论的世界观（世界观哲学Ⅰ）不同知识论的世界观（世界观哲学Ⅱ）一样以“主观”和“客观”为方法论蕴含对象，而是以“唯物论”和“唯心论”为方法论蕴含对象，即是说，一定的知识观依附于主体—阶级路线，故而唯物论和唯心论之间不具有主动与直接的相互转化关系，往往显得被动和杂乱无章——尤其是思想有机构成（思想路线）仍旧以“主体路线——知识路线”进行自我工作形态表征时。所谓“杂家”的历史出现，绝不是偶然的，盖知识生产的最初特征也。至于客观主义和主观主义乃至唯物主义和唯心主义之间能否进行转化，也取决于主体论和知识论的社会性质，即解释世界还是改造世界——具体由世界观蕴含式判明；换言之，哲学认识论的转化实际是革命的批判的辩证法的结果，是实践斗争的思想产物和历史结果。“而冯先生把‘斗争性’和‘同一性’并列看待，或者都看成是绝对的，或者都看成是相对的。因此，有些时候根本没有考虑到唯物主义和唯心主义两者之间的对立和斗争，从而把唯物主义和唯心主

---

① 冯友兰. 中国哲学史新编：上册［M］. 北京：人民出版社，2004，33.

② 周继旨. 关于中国哲学史研究对象、范围的“纯化”与“泛化”问题［J］. 哲学研究，1983（10），67－68.

义之间的转化看成只是某一学派（如儒家、道家）自身逻辑发展的必然结果，而把这种‘哲学’的发展和整个思想斗争的联系，特别是它们所反映的阶级斗争的联系割断了”，以至于“认为从孔子、孟子到荀子，儒家哲学完成了从唯心主义到唯物主义的转化；从老子到庄子，道家完成了从唯物主义到唯心主义的转化”。[①] 世界观形成具有阶级根据，但世界观思想不是阶级属性的判别式，冯友兰先生以形而上学的公式主义态度对待，自然产生这一认知：“任何事物都是一个统一体。任何统一体都是一分为二的。哲学中的主要派别就是哲学这个统一体在不同的问题上一分为二。”是以“这个说明主要是从认识论方面说明”，亦即“过去社会的统治阶级都支持唯心主义和形而上学思想，因为它看事情都是从它的主观愿望出发，希望永远保持它的既得利益。在历史中，这两个主义、两种思想和两个阶级就交织起来，成为整个社会的一分为二：进步的势力和保守的势力”。[②]

囿于主观主义的思想生产方式的学术立场，冯友兰不能够从历史世界的客观—物质性出发，因而不能把握“对象全体 = 客观对象”的工作规定性，也无力解决中国封建王朝从无到有的思想斗争路线的转换问题。毕竟，仅仅将唯物设定为“革新前进”，以及响应将唯心设定为“保守倒退”解决路线对立问题是不成的，于是转向有关时代思潮主题“真正的哲学问题”的探究。冯友兰为此抱怨道：“又有一派人认为，哲学是人类知识发展到现在的最高的产物。由这个意义说，哲学是太上科学。毛泽东就是这一派的最突出的代表，他说：‘什么是知识？自从有阶级的社会存在以来，世界上的知识只有两门，一门叫作生产斗争知识，一门叫作阶级斗争知识。自然科学、社会科学就是这两门知识的结晶，哲学则是关于自然知识和社会知识的概括和总结。’他用垒宝塔的方法，一层一层地把哲学提高到太上科学的地位。”[③] 两个斗争的历史知识——生产矛盾的斗争知识和阶级矛盾的斗争知识，在《资本论》变身为政治经济学批判从“合一”

---

① 汤一介，孙长江．读冯友兰著《中国哲学史新编》：第1册［J］．教学与研究，1963（1），59－61

② 冯友兰．中国哲学史新编：上册［M］．北京：人民出版社，2004，35－36.

③ 冯友兰．三松堂全集：第10卷［M］．郑州：河南人民出版社，2000，653－654.

到“不二”的理论实践。冯友兰没有想到从统一的历史科学中提炼“哲学范畴”，所以，他没有理会这种历史知识的斗争实践，丝毫没有看到思想路线斗争（思想路线Ⅰ—思想路线Ⅱ）不过是对社会结构矛盾（经济基础与上层建筑的对立统一体）的一个测度；所谓坚持从唯物主义工作出发，其实是保证思想方式与物质资料生产方式同构，确保范畴穿越唯物主义历史观指示的路径。历史的灯火通明是破除神秘的决定性力量，换言之，正是社会生成的历史转化运动——决定性的方面是主体社会向阶级社会形态生成的运动转化——根本决定着测度本身。在这时候，必须将共同体视为“对象”（历史世界的关系实在）与“二重性”（客观辩证法的伟大工具）的相统一，必须将经济的社会形态视为由这一根基生发的通史道路规定。相较而言，社会形态矛盾是接续生产方式矛盾的一个道路具体。因应阶级矛盾的历史规定性，阶级恶的基本构造式是“封建恶—资本恶”。对于沿着“主体形式—官僚形式”路径演进的中国传统社会而言，一种封建社会的统治结构形成是“封建秩→封建恶”的转化运动，相反，它的统治结构瓦解与赓续则是“封建恶→新的封建秩”的转化运动。

“封—建”是标准的阶级统治结构形成。然则，儒家的性质既由封建秩（封建秩序形成的历史过程）而生，又由封建恶而成。所谓“先秦诸子（分前后期）”盖由于此，所谓“两汉经学”盖由于此。殷周至春秋战国初期已有前期儒家思想的形成——所谓孔子作为“儒家创始人”的学术地位；战国初期，伴随封建秩序的形成，产生儒家学术思想的主观主义发展倾向性——是为封建秩序的“阶级恶”（封建恶）；所谓经学作为两汉哲学的主潮，既是指“儒家之兴起，为子学时代之开端；儒家之独尊，为子学时代之结局”，[①] 又是指思想统一运动，其发生路径是开放的客观主义——开放的主观主义——客观主义与主观主义的开放统一，于是“就思想史之发展而言，经过一‘百家争鸣’之时代，随后亦常有一综合整理之时代”。[②] 在战国末期、秦汉之际，思想统一运动业已兴起，因此，两汉经学是对杂家的否定。历史吊诡的是，两汉经学遭遇了思想

① 冯友兰. 中国哲学史：上册［M］. 上海：华东师范大学出版社，2011，229.

② 冯友兰. 中国哲学史：下册［M］. 上海：华东师范大学出版社，2011，303.

再否定——是为“开放的主观主义”时代思潮开启，于是进入魏晋玄学和隋唐佛学时期。这是封建恶的自我转型，中国认识论开始整体进入“主体秩—主体恶—主体秩”主体改造路线的封建秩序进化——所谓“封建（自我）改造”——生成与建构期。依照冯友兰先生的观点，主观唯心主义与客观唯心主义的斗争是这一大的历史时期的主题，从中可说明中国佛学发展的三个阶段；其实也不尽然，它们发挥作用的前提仍然是本身作为阶级统治调节手段的主观主义与客观主义之间的主体路线斗争。其后是宋明道学主宰的思想发展时期（分前后期），这是客观主义与主观主义开放统一的正式成立时代。所谓：“程颢创立心学，程颐创立理学，构成前期道学的肯定阶段；张载提出气学，构成否定阶段；而朱熹理气并称，是前期道学的否定之否定，又是后期道学的肯定阶段。陆九渊、王阳明是后期道学的否定，而王夫之则是否定之否定，成为后期道学的集大成者。”①

以上思想历程的总结乃是对中国封建关系的历史形成、成长发展及其阶级统治巩固的诸种阶段的概要，从中提炼出思想形态的发展累进观——历史唯物主义的思想史观。然则，中国近世哲学的主题是实现“封建改造”向“改造封建”的思想范式转变，特征性事件是近代变法思想运动。冯友兰先生指出：“中国近百年历史的发展，在思想上看有四个层次：第一层是全封建思想，以慈禧太后为代表；第二层是半封建思想，以康有为为代表；第三层是半资产阶级思想，以严复为代表；第四层是全资产阶级思想，以孙中山为代表。”而“等到全资产阶级思想形成一种政治社会运动，为多数人民支持的时候，中国近百年历史就由近代维新进入现代革命”。② 于此，冯友兰先生断然认为中国思想史上有三大哲学的转变时期：其一是春秋战国时期，这是封建关系之立；其二是近代时期，中国典型封建关系之瓦解期；其三是现代，这是封建关系向社会主义关系之全部转化。对于中国典型封建关系之成——家国同构（封建之阶级恶），冯友兰则以客观主义与主观主义“思想共构”对待之；“他称《新原道》的主旨

---

① 宋志明，梅良勇. 冯友兰评传［M］. 北京：中国青年出版社，2016，325.
② 冯友兰. 中国哲学史新编：第6册［M］. 北京：人民出版社，1989，10.

是'盖欲述中国哲学主流之进展，批评其得失，以见新理学在中国哲学中之位置'。他在该书中提出，'极高明而道中庸'是中国哲学的基本精神，并依据这一观点评判孔孟、名家、老庄、《易传》和《中庸》、玄学、禅宗、程朱、陆王等中国哲学史上有代表性的学派。是认为，这些学派在贯彻'极高明而道中庸'这一基本精神时，有的偏于'极高明'，有的偏于'道中庸'，唯有新理学才把这两个方面有机地结合起来，因而新理学可谓是'中国哲学的精神的最近的进展'。"①

简短小结：新中国成立后，冯友兰有一个很好的自白："知识分子们，为革命的胜利所鼓舞……我自己的努力是修订我的《中国哲学史》……三十年已经过去了，就这样修订、重写，还没有出版定本……我一直在左右摇摆。踌躇摇摆是由于这实际上是一个如何解决不同的文化之间的矛盾冲突的问题。这个问题又进一步表现为如何继承精神遗产的问题，50 年代中期我就提出这个问题，一时讨论得很热烈。"② 然而，冯友兰先生对中国哲学史的编写终归未抱有"书写客观（理论）史"的决心，所以，他本人一再强调："历史有'历史'与'写的历史'之分；哲学史亦有'哲学史'与'写的哲学史'之分。写的历史与历史既难符合，则写的哲学史亦难与哲学史符合……所以西洋哲学史只有一个，而写的西洋哲学史则何止百部，其中无有两个完全相同。中国哲学史亦只有一个，而写的中国哲学史则有日渐加多之势……所谓写的历史及写的哲学史，亦惟须永远重写而已。"③ 须知哲学之读，非历史之读；历史—规律—客观史—范畴—主观史：范畴是冯友兰所缺者，导致其对思想学规律的理解是"逻辑公式意义的转化"，而委实呈现出哲学研究者的强烈的主观工作倾向性。盖言中国社会矛盾的历史转化运动共有四个层次：第一层是生产方式矛盾，它的基本测度不是别的，正是中国底层社会主导的主体工作路线与上层社会主导的阶级工作路线的相互转化；第二层是社会形态矛盾（核心内容是阶级矛盾），在中国古

---

① 宋志明，梅良勇．冯友兰评传［M］．北京：中国青年出版社，2016，27.

② 冯友兰．三松堂全集：第 1 卷［M］．郑州：河南人民出版社，2000，309.

③ 冯友兰．中国哲学史：上册［M］．上海：华东师范大学出版社，2011，11.

代，即是主体社会生成阶级社会形态的历史运动与具体构造形成——以主体进化推动阶级进步；第三层是社会结构矛盾（基本形式是经济基础与上层建筑的矛盾）启动思想路线斗争：以客观主义代表“准经济基础”，以主观主义代表“准上层建筑”，这一路线斗争促成了思想有机构成Ⅰ（主体路线 ：知识路线）向斗争思想有机构成Ⅱ（阶级路线 ：知识路线）的历史转化；第四层是思想形态矛盾本身（思想路线Ⅰ—思想路线Ⅱ）启动了唯物论与唯心论之间在外表层次的知识观切换行为，是以大体说来，中国思想家的哲学类型“摇摆不定”是对主体路线与阶级路线的互动活跃时期的“显像”，乃至于“杂家的出现”恰恰预示着新的主体路线，代表着这一规定对新的发展道路特征的阶级路线的历史上升转化。总之，转化不是“逻辑的图景”和“哲学的构图”，它是中国历史上的一种“斗争真实”和“实践真实”。冯友兰先生乐于用形式逻辑工具和形上学解读并整理中国，没有尝试用中华辩证法解决本民族的思想问题，并且不与马克思主义结合；结果是，完全不能看清楚儒家的经济基础根据，把汉武帝“定孔丘为一尊”仅仅视为汉朝的主流意识形态和一项上层建筑的任务。其对封建生产方式当时先进性的研判亦忽也，对“封—建”结构机理的考据亦略也。

四、冯友兰“晚年之惑”释谜

概览冯友兰一生学术，其思想兴起是《中国哲学史》，思想之用是《中国哲学史新编》，思想之根是贞元六书中创立的新理学（新形上学）哲学体系。“新理学”是运用逻辑分析方法建构“正的方法”（主客二分的逻辑学）和“负的方法”（主客同一或不分的逻辑学）哲学认识论的过程，有一组形上学的命题，其首要命题曰：有物（实际）必有理（真际）。“他的逻辑分析方法的哲学实质在于：以‘如果——则’的蕴涵关系剪裁存在与思维、个别与一般、部分与整体、相对与绝对之间的辩证关系，从而导引出‘真际’‘理’‘道体’‘气’等一系列形上学的观念，力图证明新理学的形上学能够成立。”由于冯友兰坚持以西方逻辑学解说和贯通中国，“他采用的逻辑分析方法实则是一种知性的思维方法”。由此认为，“所谓‘负的方法’就是中国哲学中常常采用的直觉主义的方法……许多中国哲学家没有从正的方法讲形上学，但不等于他们没有自己的形上学，也不等于他们不关心形上学，只是他们不喜欢从‘主客二分’的视角出发，去讲那种知识形态的形上学。他们采取主客不分的哲学思考方式，把形上学看成主客同一的基础，而不视为主体认知的对象或客体”。然则，“道家和儒家都不主张从正面讲形上学”，是因为“按照中国哲学家的看法，主体亦在形上学的范围之中，因而无法把形上学对象化。从这个意义上说，人实在不能把形上学当成言说的对象，只能当成直觉或体验的对象，故而形上学不能讲”。①

对象Ⅰ（主观，客观）如何向对象Ⅱ（主体，客体）转化是冯友兰一生求索却总也无法解决的学术难题。这其实不是学术难题，而是历史道路难题——历史唯物主义的中西分殊的认识论难题。如果存在“仇必仇到底”，则“仇必和而解”是假命题；而若“仇必和而解”为真，则“仇必仇到底”是假命题。这是真假命题之战，亦是大前提之争。所谓“极高明而道中庸”是中华辩证法，而冯友兰用在此处，是同样当作了哲学认识论，而欲否决哲学路线的斗争原则（仇必仇到底），转而支持它的对立面——统一原则（仇必和而解）。从形式逻辑出发，冯友兰宁可相信统一路线而摒弃斗争路线，所谓“中道亦即是庸道。程子说：‘庸道，天下之定理。’定理者，即一定不可移之理也。所谓公式公律等，都是一定不可移之理，都是定理。康德说：‘凡是道德的行为，都是可以成为公律的行为。’例如‘己所不欲，勿施于人’的行为，是可以成为公律的。如果社会上各个人都如此行，则社会上自然没有冲突”。② 由于秉持形上学的“理在先”，冯友兰先生固执地认为：“客观辩证法的两个对立面矛盾统一的局面就是一个‘和’。两个对立面矛盾斗争当然不是‘同’，而是‘异’；但却同处于一个统一体中，这又是‘和’。”然则，“‘仇必和而解’是客观的辩证法”。③ 冯友兰认为他的中国哲学思想史研究是用清晰的欧洲思维逻辑来阐明中国对象的，

① 宋志明，梅良勇．冯友兰评传［M］．北京：中国青年出版社，2016，140－142．

② 冯友兰．三松堂全集：第4卷［M］．郑州：河南人民出版社，2000，394．

③ 冯友兰．三松堂全集：第10卷［M］．郑州：河南人民出版社，2000，657．

依据这个路径，他以一般和特殊的逻辑学诠释共相和殊相的相互关系。亦即，“这里所讨论的，正是一般和特殊的关系问题……关于一般和特殊关系的正确说法，是一般寓于特殊之中；寓于特殊之中的一般就是这一类特殊的义理之性。实际上，没有不寓于特殊之中的一般，也没有不在气禀之中的义理之性”。① 继而，“冯友兰主张共相先个体而‘潜存’，认为未有飞机已有飞机之理。金岳霖对这个问题作了进一步的分析，他提出：共相是现实的，现实必然个体化，而共相又不是一个一个的个体。一个一个的个体是殊相，殊相必然在时间空间中占有一定的位置。共相不是殊相，不在时间空间中占有一定的位置，它超越殊相和时空”。② 由于冯友兰的“共相”脱离道路和共同体并且刻意使之抽象化，“这种‘共相先于殊相’的看法也是一种客观唯心主义学说”。③ 所谓从“我们要西洋化”到“我们要近代化或现代化”，“并不是专是名词上的改变，这表示近来人的一种见解上的改变。这表示一般人渐已觉得以前所谓西洋文化之所以是优越的，并不是因为它是西洋的，而是因为它是近代的或现代的……照此方向以改变我们的文化，则此改变是全盘的。因为照此方向以改变我们的文化，即是将我们的文化自一类转入另一类。就此一类说，此改变是完全的、彻底的，所以亦是全盘的。”“所以中国虽自一种文化变为另一种文化，而仍不失其为中国，仍是行中国先圣之道。康有为之说，其一半为我们所不以为然，但其一半却是我们所赞同者。”④

“‘新理学’作为一个哲学体系，其根本的失误在于没有分清‘有’与‘存在’的区别。冯友兰一方面赞成金岳霖的提法，说理是不存在而有；一方面又随同当时西方的新实在论的说法，承认‘有’也是一种存在。”唯名论以“共相”为空名，概念论则以之为一个概念，追随新实在论者，“冯友兰赞成‘不存在而有’的提法，另一方面也用所谓‘潜存’的说法，这就是认为共相是‘不

---

① 冯友兰．三松堂全集：第10卷［M］．郑州：河南人民出版社，2000，629.

② 冯友兰．三松堂全集：第4卷［M］．郑州：河南人民出版社，2000，204.

③ 宋志明，梅良勇．冯友兰评传［M］．北京：中国青年出版社，2016，128.

④ 冯友兰．三松堂全集：第4卷［M］．郑州：河南人民出版社，2000，205－207.

存在而有'，同时又承认'有'也是一种存在。这是新理学的一个大矛盾。"[①]关于毛泽东的《矛盾论》，冯友兰先生谈道："其中接触到两个真正的哲学问题：其一是两个对立面的统一和斗争的问题，其二是一般与特殊、共相和殊相的关系的问题。"[②]这里说明了"客观辩证法"的过程转化意义："客观的辩证法有两个主要范畴：一个是统一，一个是斗争。马克思主义的辩证法思想认为，矛盾斗争是绝对的，无条件的；统一是相对的，有条件的。这是把矛盾斗争放在第一位。"同时，"客观的辩证法只有一个，但人们对于客观辩证法的认识可以因条件的不同而有差别……中国古典哲学没有这样说，而是把统一放在第一位"。即是说，"一个统一体的对立面，必须先是一个统一体，然后才成为两个对立面"。不过，"这个'先'是逻辑上的先，不是时间上的先。用逻辑的话说，一个统一体的两个对立面，含蕴它们的统一性，而不含蕴它们的斗争性"。冯友兰最后强调："显而易见，'仇必和而解'的思想，是要维持两个对立面所处的那个统一体。""理论上的这点差别，在实践上有重大的意义。"[③]冯友兰先生运用自己的理解，这导致他认为，"毛泽东把马克思主义的普遍真理和中国革命实践相结合，这就是把一般和特殊相结合，以此领导中国革命走向胜利"。由此生出"《矛盾论》的两个要点"：（1）"对于一般和特殊的问题，毛泽东归结为一般寓于特殊之中。一个'寓'字，准确地说明了一般和特殊、共相和殊相既有区别又有联结的情况。这个提法，中国传统哲学称为'理在事中'。"（2）"对于两个对立面统一斗争的问题，毛泽东归结为'新陈代谢、除旧布新或推陈出新'。"[④]

通过以上处置，冯友兰在认识上借由"矛盾论"将共相、殊相问题进一步引导到"正—反—合"的探究路径——这表示其走出形式逻辑的一个历史分析的努力。依照冯友兰的理路，"仇必和而解"依旧可以是前提规定，不过在这里，是作为否定对象的"肯定（前提）"。否定发展环节当然是"仇必仇到底"，

---

① 冯友兰．三松堂全集：第10卷［M］．郑州：河南人民出版社，2000，632.

② 冯友兰．三松堂全集：第10卷［M］．郑州：河南人民出版社，2000，594.

③ 冯友兰．三松堂全集：第10卷［M］．郑州：河南人民出版社，2000，654－655.

④ 冯友兰．三松堂全集：第10卷［M］．郑州：河南人民出版社，2000，597.

这是哲学路线的斗争原则对共同体的主体进化原则的“逻辑否定”，也是基于知识生产原则的对象Ⅱ之于对象Ⅰ（统一原则）的工作置换。合的逻辑关系问题的真实道路景象是“历史转化运动”：对象Ⅰ—研究对象—对象Ⅱ（现代意义的“极高明”“道中庸”）——哲学认识论斗争路线Ⅰ向路线Ⅱ转化的认识图景（马克思主义知识论）正是由该种历史运动所主持的规定。可见，统一“斗争原则”和“统一原则”的不是别的，正是矛盾（生成）运动的“转化原则”；由主体启动知识决定了“阶级论”规定对“主体论—知识论”思想有机构成的知识链条的工作嵌入关系。肯定是矛盾统一体的确立，否定才是对统一体的破坏和瓦解，否定之否定则是重建新的统一体。然则，释谜之路沿着以下路径进行：主体论的对象Ⅰ（客观，主观）→研究对象（主体论与知识论的中介：蕴含阶级史观的知识客体）→知识论的对象Ⅱ（客体，主体）。原理具写于下图。

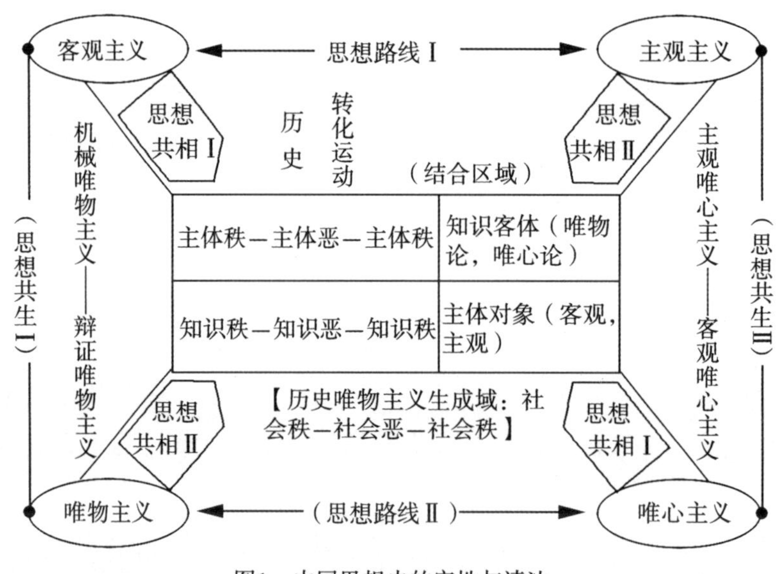

图1　中国思想史的定性与读法

图1展示了“对象Ⅰ—研究对象—对象Ⅱ”路径下哲学认识论之“仇必和而解”（思想路线Ⅰ）与“仇必仇到底”（思想路线Ⅱ）的运动转化及思想共构。这个总构图以简洁的线条勾勒出思想路线斗争的发生机理及其作用机制。客观生主观，主观克客观，言主体观（或曰“生产方式的主体表达”）的必然性矛盾规定，主体的斗争哲学必然定格为在客观主义与主观主义之间形成的思想路线斗争；客体生主体，主体克客体，言知识观（或曰“生产方式的知识表

达”）在构成上的必然性矛盾规定，知识的斗争哲学又必然定格为唯物主义与唯心主义之间的思想路线斗争。“就张载当时说，它是要维持中国封建社会那个统一体。”① 诚如冯友兰提示，客观主义与主观主义的思想路线斗争是历史转化运动之始，天人合一盖求思维、存在同一之命题，此为理一；唯物论与唯心论的知识之辩谓为分殊，由于理气统一谓为“理一分殊”，分殊便是理的知识统治手段。“严复曾批评‘中体西用’造成了‘体用割裂’”，“严复此处是就其作为辩证法的架构规定而论的；换言之，严复欲强调的是中学之辩证法与西学之辩证法的合璧”。但不可否认，中国社会“在‘有象斯有对，对必反其为，有反斯有仇，仇必和而解’的共同体主义论证思路的求索上用功较多”，显然，是有关于“主体社会理论的探索（如皇帝制—官僚制—官僚制的瓦解）”，然则其“作为中华思维学体系和路径的学科求索，就可能免除由于西学术语或论断方面产生的种种抵牾情形所带来的理解上的语义冲突”。② 这是“知识改良派”的情形：以主体进化观推动阶级之社会进化，是为思想路线Ⅰ的斗争产物。“思想路线Ⅰ→思想路线Ⅱ”意味着思想共相对思想共生之转化，而有了独立化的革命知识生产。“主体—社会”→“主体—客体”→“主体—阶级”→“主体—知识”，于是这里，一旦引入主观史对客观史的转化运动的“反映论”，唯物论与唯心论之间乃至客观与主观之间的摇摆型的思想切换现象即立刻被根除。一系列的转化运动构成母子—体用的两重路径和结构，由阶级史观的客观工具（思想有机构成Ⅰ和思想有机构成Ⅱ）的工作联合关系予以统一。马克思主义知识规定定格于“两重转化”历史成长区间之内，作为转化运动结合产物的历史思想形式。

五、结束语

冯友兰先生一生求索主体论和知识论逻辑结合之如何可能，由于缺乏马克

① 冯友兰．三松堂全集：第10卷［M］．郑州：河南人民出版社，2000，654-655.

② 许光伟．中国经济学行动议程与方法论命题——中华思维学的进展及其创造性转化［J］．武汉科技大学学报：社会科学版，2020（2）.

思主义工具并且不以阶级理论与实践为中介，终于与问题的解决失之交臂；其未曾觉察到“有机构成”（唯物史观的客观工具）是通向真理的一把钥匙，是走向历史的实践之路——马克思主义辩证法所谓联系的观点、发展的观点，正是指此规定。① 须知，主体论的路线斗争不过意味着阶级斗争之生，而知识论的路线斗争则意味着阶级斗争之成；“有机构成乃道路规定之谓也，在方法论上即旨在实现对象和研究对象统一的‘道名工具’”，然则，“把握历史的最好方式是‘展开历史’”，“有机构成谓为道（思维世界的阴阳），言客观世界的‘道’‘可道’‘非恒道’；有机构成谓为名（思维世界的五行），言客观对象的‘名’‘可名’‘非恒名’。前者又即历史之行、矛盾之行、规律之行，后者又即历史之知、矛盾之知、规律之知”。②

社会形态领域的思想路线斗争是经济基础（或社会结构的现实基础）和政治法律的上层建筑阶级矛盾运动的社会主观映照，是社会阶级斗争形态的集中反映形式。思想有机构成是这一反映形式的客观工具——所谓实践向历史的工作敞开。是故从对象Ⅰ到对象Ⅱ，主体论对于阶级论而言是“基础补充说”，绝不是“哲学替换说”；同样，哲学应遵循的是马克思主义逻辑，而非现代化逻辑，“走出阶级”的哲学改造是改造哲学的努力奋斗目标。冯友兰先生称自己的哲学体系为“新理学”，于当下场域极力鼓吹“中西融合”及“特共一体”的思想学说，是以有了这样的似是而非的认识：“某一种社会类型是共相，某一个国家或民族是殊相。某一个国家或民族在某一时期是某一类型的社会，这就是共相寓于殊相之中。这个‘寓于’是冥合无间，所以在表面上就浑而不分，这就引起了思想混乱。所谓‘全盘西化’，所谓‘本位文化’都是这种混乱的表

---

① 譬如劳动价值论正是以阶级关系为研判，并且用主体论和知识论的结合武装起来的理论分析工具——“阶级论”恰恰是“劳动论”（商品生产之人类主体论）与“价值论”（商品生产之历史知识论）的结合中介。说到底，“《商品》整体给出‘阶级学’（行）和‘知识档案学’（知），它的前两节界定商品社会阶级压迫关系的类型学（特殊的历史剥削方式）和结构学（特殊的矛盾‘危机论’），其后两节在内容上是指向了‘形态学’，继而讲明阶级统治工具的‘何以是’和‘何以能’”。参见：许光伟. 知行合一与《资本论》原理——阶级社会及其经济形态知识状况考察［J］. 湖北经济学院学报，2022（1），5－27.

② 许光伟.《资本论》有机构成历史研究的若干基本问题——阶级与拜物教经济学原理之一［J］. 政治经济学研究，2021（4）：29－42.

现。至于一般人所说的西洋文化，实际上是近代文化。所谓‘西化’，应该说是现代化。”这当然是一个纯然逻辑知识的描述。例如，就中国改革开放的向外国学习这一点而论，“怎样确定这个标准呢？最好的办法是认识共相。看看世界上强盛的国家，看看它们是怎样强盛起来的，看看它们的特点。这些特点就是它们的殊相之中所寓的共相的内容或表现。这些国家是殊相，它们的社会性质是共相。共相是必要学的，也是可能学的；殊相是不可能学的，也是不必要学的”。①

冯友兰将自己的“中国哲学史”研究定位于研究者的哲学思想史耙梳，既没有“把‘主体社会’作为一个科学研究上的对象（即‘思维之象’）来确定和把握”，也未试图把基于主体的统治进一步扩展为基于知识的统治，最终无法走出西方逻辑学的窠臼，未能了解到“作为一般意义和规定的‘逻辑学’是存有的，但仅局限于提供‘解释世界’意蕴的认识功能，即把握知识工具。而人的思维方式，说到底还是‘社会历史行动之思’。”② 他对中华主体论观点和西方知识论工具的相互嫁接在多数情况下是理论非法的，提供给中国的思想方案终究是乌托邦的。尽管冯友兰先生客观认识到对于中华固有的社会形态路径演化的性质而言，主体路线斗争是在先的（这也是《资本论》同样秉持“异化劳动说”的理由），是遵循共同体统一原则的母规定，但未能根据逻辑与历史一致的原则揭示路线斗争转化之谜。冯友兰对中国思想路线斗争状况的研判是深刻的，而以问题广角镜方式多有建设性的思路提示，非常难能可贵！其深深相信世界现代历史是朝着“仇必和而解”这个方向前进的，复以童子般的天真期盼中国绝不走“仇必仇到底”的道路；其正是以这种思想践行“最哲学的哲学”——对于“实际”无所肯定，以此制造哲学与科学的理论紧张关系。冯友兰先生以自己诚恳的中国哲学实践告诉我们：现代哲学是沿着自我改造路径前行的——无论逻辑实证主义还是马克思主义，大方向均如此。是故对于中国面向未来的

① 冯友兰. 三松堂全集：第10卷［M］. 郑州：河南人民出版社，2000，582.

② 许光伟. 主体社会与知行合一：王阳明学术思维研究——兼谈中西对话的方法论问题［J］. 经济思想史研究，2019(1)，100-130.

批判学术而言，最为重要的也许不是走出实证和试图走出神秘的哲学之读本身，甚至也不是向中国主体思想的历史书写的民族观点回归，而是在社会形态的历史理论及其科学认识论的基础上再前进一步，真正以“严格实践的政治经济学批判”启动中国之读行动，从中升华出中国之写的“大写字母规定”。

参考文献

1. 阿尔都塞，巴里巴尔. 读《资本论》［M］. 李其庆，等，译，北京：中央编译出版社，2017

2. 冯友兰. 中国哲学史［M］. 上海：华东师范大学出版社，2011.

3. 冯友兰. 中国哲学史新编试稿［M］. 北京：中华书局，2017.

4. 冯友兰. 中国哲学史新编［M］. 北京：人民出版社，1982－1989.

5. 冯友兰. 中国哲学史新编［M］. 北京：人民出版社，2004.

6. 冯友兰. 三松堂全集［M］. 郑州：河南人民出版社，2000.

7. 马克思恩格斯文集［M］. 北京：人民出版社，2009.

8. 宋志明，梅良勇. 冯友兰评传［M］. 北京：中国青年出版社，2016.

9. 田辰山. 中国辩证法：从《易经》到马克思主义［M］. 萧延中，译，北京：中国人民大学出版社，2008.

10. 许光伟. 主体社会与知行合一：王阳明学术思维研究——兼谈中西对话的方法论问题［J］. 经济思想史研究，2019（1），100－130.

11. 许光伟. 熊十力本体论批判思想及其思维学意义——中国特色社会主义政治经济学方法论基础研究［J］. 经济思想史研究，2020（2），76－106.

12. 许光伟.《资本论》有机构成历史研究的若干基本问题——阶级与拜物教经济学原理之一［J］. 政治经济学研究，2021（4），29－42.

13. 许光伟. 知行合一与《资本论》原理——阶级社会及其经济形态知识状况考察［J］. 湖北经济学院学报，2022（1），5－27.

（作者单位：江西财经大学经济学院）

社会契约与西方社会“义利观”的演化

姜广东　张为杰

摘要：义利观谈论的是一个社会的主流价值观问题，它既是一个政治哲学问题，也是一个经济学问题。本文认为一个社会的义利观反映了一定的制度背景，同时也对应着经济发展的不同阶段。在西方，一般而言，中世纪是以“道义”为主的社会，进入工业化阶段特别是资本主义制度确立以后演变为以“功利”为主的社会；在后工业化时代，则演化为义利并立的模糊价值观。义利观演化中的制度变迁反映了不同类型的契约关系，封建社会的契约性质属于官与官之间的契约；资本主义社会属于官与民之间的契约；而后工业社会则属于多方契约，其中最为关键的是民与民之间的契约特征十分明显。契约性质变化的同时，主流价值观也随之发生相应的变化。总之，权利越集中的社会，其主流价值观越明显，是以“义”为主导的社会；而权利越分散，主流价值观越模糊，每个人都重视法律所赋予的个人权利，因而，“义”会成为模糊价值观的重要构成部分。后现代社会的义利观正在对建立在功利主义方法论基础上的经济学形成挑战。

关键词：义利观　演化　契约性质

一、 西方社会义利观的演化过程

本文所指的义与利与道德哲学中关注的基本问题是一致的，所谓义是指道义，是道义论中的命题，所谓利是指功利主义或个人功利主义。所谓道义论是指将人们行为的合义性作为人类活动的目标；也就是说人们行为的合义性本身就是一种追求，因为道德构成人类快乐的一部分。[①] 在康德（Immanuel Kant）的道德哲学中，它被称之为“善良意志”，它是理性选择的结果，是自在的善，而不是为了达到任何物质利益的目的。康德又把这种善良意志称为“绝对律令”（绝对命令）。就社会整体而言，功利主义追求基于利益的幸福与快乐，并且将这种幸福感称为“善”，一切带来社会快乐的行为都被称为善行。而后者则强调社会正义与道德义务，超越行为后果，只看行为者的道德动机是否符合普遍道德规范和义务标准。在当前的学术界，人们普遍将这一争论归结为“目的论”与“道义论”之争，成为道德哲学的基本命题。在我国的学界中，人们习惯称之为“义利”之争。这一争论的焦点在于是道义优先于善还是善优先于道义，也可以说是义优先于利还是利优先于义。由于这一问题在学术上有较强的连续性，关于义利之争从古一直延续至今。但是道义与功利哪一种充当社会主流伦理观，在不同时代并不相同，主流伦理观随时代变迁而不断演化，进一步而言，这个时代的符号应该归结为制度尤其是政治制度，当然政治制度的演化并不是孤立的。本文所分析的义利观的演化主要是指具有代表性的欧美国家。

西方的义利之辩从古希腊时代就已经开始了，古希腊政治属于城邦政治，种族与地域构成的多元化使自由、平等、民主成为当时奴隶制下的政治特征，形成当代西方民主构架的萌芽与制度基础，在这种多元化的社会构架下，道义论与功利思想都扮演着重要角色，“经济”一词就源于古希腊，家政管理成为奴隶主的重要事务。在古希腊与罗马时期，各种思潮纷纷呈现、群雄并立，并没有伦理观上的主流与非主流之分。

中世纪后，由于宗教在政治与社会中扮演了重要角色，欧洲社会演变为神学色彩浓厚的封建君主制社会，神权至高无上，浓重的宗教色彩与封建统治的

① 所谓的“道义”并不一定是“公义”，专制社会与民主社会的道义观有很大区别，本文之所以将各种社会的道义伦理观统称为“义”，是相对于社会功利主义而言。一般而言，民主社会中的“道义”更强调“社会公平”，而专制主义下的“道义”则强调民众对专制秩序的尊重。

结合要求一种统一的主流价值观。在神权思想占统治地位的中世纪不可能存在着功利主义价值观。人们的一切行为在于遵从神性，因而限制对物质利益的追求，社会的核心价值理念不是物质利益与自我满足，而是信仰与宗教伦理。中世纪的欧洲虽然不是政教合一的政治体制，但是宗教势力深深影响着世俗生活，以至于在有些状况下，王权也不得不屈从于宗教力量，这一状况直到经院哲学家托马斯·阿奎那（Thomas Aquinas）出现后才有所改变。阿奎那虽然一如既往地肯定教会至高无上的权力和宗教思想的主流价值观地位，但是，他将理性引入了基督教哲学，用“自然法则”来论证“君权神授”说，而且承认人类法则不同于自然法则，肯定人欲的合理性，从而为私有制的合理性提供了伦理基础。这与教会占有大量财产和积累了大量财富有关，试图为教会财富的合法化提供依据。

在中世纪以后，也就是欧洲封建统治时代的末期，社会思想领域冲破宗教束缚的力量早已萌动。商业资产阶级的兴起和启蒙运动的推动使欧洲社会急于摆脱宗教的桎梏，由以神为中心的世界还原为以人为中心的世界，人本主义思潮开始涌动，对人性与私人产权的追求代替了对神性和权威的崇尚，重商主义思潮就是这种倾向的外在表现。资本主义制度在欧洲确立以后，虽然宗教信仰依然是人们的伦理依托，但是宗教思想也发生了重大变革，路德与加尔文在宗教领域的改革使宗教放松了对思想的钳制，宗教开始与世俗相融合。宗教教义也摆脱了纯粹的禁欲主义，开始宣扬勤劳、节俭、正义等价值观念。这个时期西方的发展表现在两个方面：一是思想源流开始冲破宗教束缚，掀起了启蒙运动，倡导民主、科学与自由；二是在经济领域崇尚重商主义，重视私人利益的追求，商业资本主义得到了前所未有的发展，工场手工业开始向机器大工业过渡，雇佣劳动制代替了封建农奴制。在资本主义发展的初期，重商主义盛行于思想领域，成为一种重要价值观，但是，所谓权利、自由主要是新兴资产阶级对抗封建等级制，牟取阶层利益的一种社会诉求。这种权利平等与自由政治游戏并没有惠及雇佣劳动者。因而这个时期的社会矛盾表现为两个层次：一层是新兴资产阶级与封建贵族之间的矛盾，另一层是新兴资产阶级与雇佣工人之间的矛盾。在新兴的商业资产阶级享受到更大权利与自由的同时，雇佣工人的权利状况并没有得到改善；在创造巨大财富的同时，雇佣工人的生存状况却逐步恶化。在相当长的时间内，这种状况持续地存在并引发了波澜壮阔的工人运动。财富的创造并没有给社会上的大多数人带来幸福与生存的希望，这引发了对权利、自由与福利之间关系的思考。古典经济学与当时的道德哲学集中关注了这一话题，一种经济制度不仅要关注财富的生产，而且还要关注财富的分配，社会目标应是最大多数人的最大幸福，功利主义应运而生。这种道德哲学以最大多数人的最大幸福作为首要目标，认为这就是“善”，一切有助于实现这一目标的行为都是善行。功利主义的出现并不是对私人利益无限追求的肯定，而是对资本主义发展的反思，它肯定功利目标，但强调功利追逐应满足最大多数人的福利最大化。事实上，它是缓和资本主义社会矛盾的一种伦理观念和价值体系，当然也不会排斥资本家对利润追逐的权利。古典与新古典经济学家的方法论基础都没有脱离功利主义的范式。功利主义思想成为自启蒙运动以来的西方主流伦理观，可以说，当前的经济学仍处于功利主义思想的统治下，P－GDP 的理论体系说明了这一倾向，但是这一体系正在受到越来越多的质疑。

不过，在当今的道德哲学领域，功利主义思想和道义论处于交织的势均力敌的状态。功利主义受到越来越多的质疑，至少可以说，在这一领域，功利主义一统天下的状态已经不复存在。从哈耶克（Friedrich Hayek）的自发秩序原理到罗尔斯（John Rawls）公平的正义理论，再到诺齐克（Robert Nozick）的纯粹“道义论”和桑德尔（Michael Sandel）等人的共同体正义论，他们都试图在批判中寻找道义与功利的理论平衡点。虽然诺齐克的极端自由主义并不多见，但是主张正义优先于功利目标的思想主张并不少见，罗尔斯以来的许多道德哲学主张都对功利主义进行了反思，成为功利主义的改良者或批判者。功利主义在当代虽然还在发展，如斯玛特（Jack Smart）和黑尔（Richard Hare）的功利主义学说，但是已经不再是行为功利主义，而是规则功利主义或双层功利主义。显然，人们已经不仅仅重视结果，也将视线转移到了过程，或者说人们不仅仅关注“利”，也在关注利中之“义”，或者“义”自身的重要价值。在现代道德哲学中，公平的正义已经不仅仅是一种伦理价值，更为重要的是代表了尊严和人类秩序。在功利主义的语境下，社会秩序与文明的演化以最大幸福作为目标参照物。在道义论的语境下，正义优先的社会秩序维持的是一种平等的尊严感和人类行为的基本前提条件。其实，这不仅仅是寻求个人权利，而且也在追求一种社会满足，这一满足不亚于功利主义目标所产生的影响。道义论是对启蒙运动以来人本主义思潮的进一步思考。从某种程度而言，正义优先于功利或者说“义”先于“利”是又一次启蒙运动。要说明这一点需要搞清楚正义优先与功利实现之间的相容程度。其实，这涉及了经济学领域的问题。在这一点上，阿玛蒂亚·森（Amartya Sen）进行了深入探索，他认为自由与发展在长期内是一种相容的关系。

不能说当前的道德哲学领域中道义论已经代替了功利主义，功利主义依然占据着重要地位，但无论是思想领域还是社会领域，义利观正在悄悄发生着微妙的变化。当今，同性婚姻和安乐死的合法化（部分国家）、对艾滋病人的宽容与理解、信仰的平等与自由、社会价值观的多元化等现象都是这种时代价值观变化的体现。社会正在破除多数人的“暴政”，转向了寻求事物存在的正当性的诉求，开始脱离单一的功利世界观。这种转化还会进一步持续。但是，只有在相当长的时间以后，才能勾勒出较为清晰的现代义利观演化的线条。

二、 不同社会形态下的义利观演化

由义利观的演化分析可知，中西义利观的演化都具有一定的规律可循。尽管东西方义利观的内涵存在着区别，但是两者演化的路径具有一定的相似性。如果以社会意识形态为背景，这种路径更加清晰可见。

一般而言，王权统治下的社会或者中世纪的宗教社会，西方的义利观强调道义优先于功利，无论是个人利益还是群体利益都应隐藏在道义之后，义先于利。欧洲的中世纪是基督教神权社会，一切利益取向都不能与对上帝的崇尚相提并论，将神权置于社会的核心地位，其次才是王权。这时的平等和自由都是相对于神权的绝对地位而言，如果说平等，也只能说是人人在上帝面前都是平等的，而非在法律面前的平等。利益只不过是绝对权威下的附属品，与神性相比，物质利益仅仅是满足人们生活的一种手段。所以，在这个阶段，人的中心目标不是追逐物质利益，而是追逐人在宗教生活、社会生活或家族生活中的相对地位，这是因为，人们没有通过外部交易逐利的空间，同时也是宗教和王权统治的手段。所以，无论是西方还是中国，这一时期都倾向于重农抑商。在欧洲“到了中古，资本主义的工商业（指古希腊罗马时代的资本主义萌芽）完全根绝了；无论是农业上的庄园制度或工商业上的基尔特制度，都是封建性的”。在中国，这一社会特征更加明显。与此相对应，中世纪的欧洲与这一时期的中国都属于农业社会，这种以尊卑秩序为重的社会在中国比欧洲持续的时间更为长久。

直到商业能给统治者带来巨大利益，并形成丰厚的税源时，欧洲才在统治者的支持下迅速发展起来，特别是在14、15世纪发现新大陆以后，商业活动更加繁盛，国际贸易成为他们的重要财源，统治者与本国商人不仅通过地理大发现拓展了疆域、获得殖民地，而且从对外贸易及对殖民地的掠夺中获取巨大利益。而随之而来的宗教改革和文艺复兴运动，为全社会追逐商业利益铺平了意识形态方面的道路，所以，此后学术界出现了重商主义。欧洲的封建社会行将结束之时，欧洲社会的主流义利观发生了颠覆性的变化。这也许是欧洲国家在17世纪后迅速步入资本主义的重要原因之一。道德哲学领域功利主义的出现标志着欧洲义利观发生转折性变化的分水岭。功利主义为新兴资本主义铺垫了伦理基础，也界定了资本主义发展的道义基准。因而，对于资本主义而言，功利主义思想并不是证明其合理性的一种工具。在整个资本主义世界快速发展的过程中，西方主流义利观一直被功利主义思想主导，也就是将社会善置于优先地位。可以说直到当前，西方国家的义利观中功利主义仍然占据着主导地位。只不过，这种思想正在引发越来越多的质疑和反思，社会伦理观似乎在酝酿着一种变化。公平的优先性正在受到越来越多的关注，不单是在自由主义者的阵营，即便在功利主义主导的思想领域，正当性的学术价值也在悄然发生变化。

当前，义利观谋变的意识形态背景好像并不明显，资本主义社会形态并没有发生明显变化。但是应该注意到，资本主义作为商业社会已经有300多年的历史，无论是在物质上还是在文明的进展上都是以前所有社会形态所无法企及的。许多学者将当前的资本主义社会定义为“后资本主义”时代。财富的积累与收入分配的改善将社会推向了文明的更高阶段。加尔布雷斯（John Galbraith）认为，当前的资本主义不再是物质资本主宰世界，经理、技术阶层的兴起使人力资本在商业竞争中起着越来越重要的作用，这些人不但是剩余控制者，而且也是剩余索取者。后资本主义社会中，利润不再是唯一重要的目标，除此之外，人力资本所有者还注重自身价值的实现，他们不再是物质资本的附庸。在加尔布雷斯的论述中，技术和经理阶层就是未来经济世界的统治者。在这样的社会里，个人权利和自由对于他们而言尤为重要。也正是这些因素才能保证他们私人产权的实现；这个阶层不希望国家与政府以功利主义的方式来实现他们的政治与经济权利，他们在学术界的代表更强调个人独立意志和权利的神圣与正当性，他们以权利与自由带来的满足代替了器物带来的效用。如果效用是传统自由主义所追逐的结果，那么，新自由主义所要求的是体现个人意志的正当性。这里并未否定效用的重要性，而是强调财富来源的正当性和私人权利的不可侵害性，是在器物满足达到一定程度后，人们对价值观的一种重新选择。因为欧美发达国家的器物文明已经解决了人们的温饱问题，当群体性问题（最大多数人的最大幸福）不再成为社会主要矛盾后，人们开始重视个体行为在社会及经济活动中的恰当位置。社会价值判断进一步走向个体化与分散化。显然，他们并没有像罗尔斯那样认真对待弱势群体的利益改善，但是现代自由主义并不希望政府力量渗透到分配领域，形成对弱势群体的保护。他们将这个问题的缓解路径寄希望于社会而非政府。当人们拥有独立意志和完全人格时，同时也会萌生出社会责任感，绝非物质资本追逐利润式的贪婪。

20世纪70年代后的社会和哲学思潮中，也可以触摸到西方社会变化的脉搏，丹尼尔·贝尔（Daniel Bell）的后工业社会理论及后现代哲学都对启蒙主义与现代性进行了批判，颠覆了逻各斯中心主义的传统。将当代社会看成后现代社会，其主要特征是多元性、差异性与碎片化，否认理性、系统性与整体性。这种学术思潮并不是空穴来风，它是当代社会与经济发展的一种投射，代表们认为后现代社会是不确定社会，无法用形式主义与经验主义的认知进行解析。这些特点构成了现代工业社会以后的一种意识形态倾向，虽然并未形成主流的意识形态，但是人们在政治、社会和生活中的行为日趋分散化与个体化。这就是西方现代义利观演化的社会制度背景。

三、 不同社会形态下的社会结构

上一部分的分析告诉我们，西方义利观的演化遵循这样一条路径：在封建社会，其主流义利观以义为先；在资本主义社会，其主流义利观以利为先；过渡到后现代社会或后工业社会，主流义利观开始模糊，当代西方社会的分散化和多元化造就了多种选择。统一性不再成为一种价值标准，意识形态趋于复杂化，人们更加重视个人权利与意志。也就是说义利观的演化存在着社会形态背景，不同的社会形态下的社会结构存在着差异，而社会结构的变化又为义利观的变化提供了理论分析的一种工具。

在欧洲封建制度下，其基本的社会结构是领主制，权力分散在各领主之间，封建庄园是其经济载体，君主是最大的领主，各封建主向大领主负责。领主管辖着领地和农奴。各位领主对领地的统治既享有治权，也享有法权，同时也拥有武装力量。庄园是一个政治、宗教、军事、经济等元素的综合体。封建领主具有世袭的权力，这些都说明封建庄园制社会是一种松散的权力结构，君主作为最大领主，也必须受到其他大小领主的牵制与约束。这种现象一直到17世纪才有所改变，权力开始在欧洲的许多国家向君主集中。除英国与荷兰之外，欧洲的其他主要国家封建主义开始走向专制主义，法国与西班牙成为欧洲首批成功实行专制统治的国家。但是，即使如此，所谓专制主义与东方皇权社会的专制主义依然存在着很大差异。欧洲的封建专制下，“君主权力的行使还要依靠贵族、神职人员及地方政治团体成员的默许，国王通常不会冒着失去这些权贵人物支持的风险做出非法或专断的举动，而如果他们那样做了，他们便会面临叛乱的危险”。虽然庄园内部存在着人身依存关系，但是，就整个社会而言，欧洲的封建社会除了部分时段以外，都属于分权社会。从社会结构而言，与其说这个阶段是封建君主制社会，莫若说它是一种封建贵族社会更加恰当。欧洲专制主义的出现只不过是以国王为代表的贵族们阻止立法权转移或被剥夺所达成的一种无奈妥协，以防止资产阶级掌握权力。但是少数人的权力走向多数人的权力这一进程是不可阻挡的，所以欧洲的专制主义在18世纪初逐步瓦解，社会形态与社会结构都随之发生相应的变化。

欧洲资本主义的兴起及与之相对应的商业发展、科技进步使欧洲国家积累了大量财富。财富的占有者不再仅仅是领主与贵族阶层，新兴资本家阶层通过工商业获得越来越多的财富。他们已经上升为除宗教、王权以外的第三种社会势力，成为18世纪西方社会的新宠。这部分人对财产权利和政治地位的更多要求是顺理成章的事情，同时，资本主义的发展也推进了社会权利平等化的浪潮，这对以市场为中心的资本主义经济十分重要，也是一种历史的必然。因为资本主义经济的发展不仅仅造就了资产阶级，而且也催生了一大批产业工人与产业后备军，这一时期是多种社会力量的博弈时期，不仅资本家从统治者那里争取应有的权利，而且产业工人也要求从资本家与国家手中获得更多的生存权与政治权利。因而，这一时期以后，欧洲便出现了大规模的、持久的制宪运动和产业工人争取权利的斗争。这使欧洲的各种社会力量走向了均衡，各自获得了自己的权利空间和生存基础；其最终结果就是资本主义国家市民社会的形成，也就是政府与民众之间的中间组织，它制约了国家统治的暴力倾向，在国家与民众之间形成缓冲地带。市民社会的形成是现代社会的重要标志之一，改变了社会治理结构，同时也改变了国家统治观念。市民社会是现代性问题的重要构成部分，哈贝马斯曾经对这种事件给予特殊的关注。市民社会的形成改变了资本主义社会的权利结构，不但为市场有效运作铺垫了道路，而且也为现代民主社会奠定了基础，使资本主义由矛盾与冲突走向了缓解与协调，从混乱无序走向了理性与规则化。市民社会的最终结果是社会权利走向平等与分化，并使这种权利得到法律保护，形成社会共识。

后现代社会出现后，正像福柯（Michel Foucault）他们所描述的一样，社会进入个性化时代，在个人权利得到更多保护后，每个公民都拥有了更多的选择自由，选择集合在不断扩大；同时科学技术的发展为每个人提供了更独立的生活空间，生活方式开始发生革命性的变化，社会目标进一步分化。人们可以选择最适合自己的生存与生活方式，人力资本得到充分积累与利用。道德哲学与经济学中自由主义思潮的盛行表明，权利与自由是后现代社会的重要特征。后现代主义所描述的“分散化”与“碎片化”也是这一社会的概括。这并不意味着国家管理社会的能力下降，而是说，法律赋予每个公民以平等的政治权利，并且以国家保护这种权利的法律地位。任何公民或国家不能以任何形式侵害公民和其他利益主体的合法权利。也就是说，这个社会的强制性权利观念不断削弱，国家、中间组织和公民个体的权利相互得到认同和尊重，甚至可以说在权利上，这些主体之间趋向于平等的地位。国家不能作为一个权利主体在法律上凌驾于社会与公民之上。从权利与自由的角度来说，无论是大政府、大市场，还是大社会之类的说辞都是不合宜的。这种减弱了政府权利的社会格局使福利国家的色彩逐步淡化，所以市场出现了收入分化的状况，收入分配格局与60年代、70年代相比发生了重大变化，我们无法断定这种权利格局下的市场后果，但是就权利的分配与保护而言，我们可以将这种社会称之为“个体化”社会。当然，它还处于市民社会转型的过程中。个体化是一种社会特征，不要将其与个人主义混淆起来，个人主义是一种价值观与方法论，而个体化则是人们决策与选择的个性化与分散化。个体化社会不但削弱了国家的权利，而且权利更均匀地分布在每个群体与公民之上。每个人都是一个权利主体，人们不再以工具理性约束自己服从权威意志，它首先是一个个人主义社会，然后才是一个个体化社会，它是一个个人权利得到保障的多元化社会。如果说，在后现代社会思潮大行其道的60年代、70年代，人们还难以普遍体察到这些社会特征，那么，90年代后的后工业国家中，这种社会特征越来越明显，而且迅速地影响着人们的生存方式，并向其他文化模式蔓延传播。

四、不同社会结构的契约性质

启蒙时代的许多思想家将国家看作是一种契约，其中以卢梭（Jean Rousseau）最具代表性，社会契约论建立在人人生而平等观念的基础上。建立在这种基础上的社会契约应是民主与法治的社会，国家只是民主权利的守护者，这样的国家和政府才是合法的。任何违背公意，以暴力与威慑维持的政权都不是平等社会契约的体现。权利的集中行使应建立在公民意愿的基础之上。卢梭等人的社会契约思想是人类思想的巨大进步，也意味着权利集中走向平等及国家与社会意识的觉醒，主权在民思想改变了国家统治与道德哲学的格局。这是一种思想的转变，也是社会形态的转变。在这些思想家看来，社会契约具有不同的性质，强制性契约是不合法的。

在启蒙运动之前的君主制国家，权利只集中于一少部分人手中，国家是统治多数人的工具，社会从属于贵族与宗教势力。“封建制度是一种政体，在这一政体中，那些拥有地产的人也拥有政权，因此，封建主和封臣之间的契约取代了国家权力。……在随后几个世纪中，国王与贵族间的斗争是西方政治历史的实质。”从社会分层看，农奴与自由民只是一股弱小的社会力量。无论从政权还是社会而言，这种社会结构下的权利都是倾斜的，欧洲的封建社会并不能称为专制社会，但是一定属于权利相对集中的社会，这是所有封建社会的根本特征。这类社会并非没有契约性质，在理论上，社会关系是建立在契约基础之上的，贵族有责任保护农奴，农奴自然更有义务为贵族劳作，“农奴与奴隶不同，农奴既有义务，又有公认的权利”，不是完全独断的奴隶制社会。这种契约建立在权利不均衡的基础上，属于一种多层级的委托—代理关系。首先最大的委托人是君主，大领主是其代理人，大小领主之间也存在着委托—代理关系，小领主也是大领主的代理人。不确切地说，农奴也算作领主的代理人，每一种委托—代理关系之间都存在着责任与义务关系。在权利不对等的条件下，责任与义务关系也是不对等的，权利的分布越不平衡，责任与义务不对等的程度越高。因为在非现代合法意义上的权利结构中，这种权利是私有的，权利的分配是赐予而不是享有。所以，权利分配采用了强制手段。如果权利分配完全是赐予性质，那么这个社会就是专制社会，东方专制主义就是这种状况的典型代表。虽然存在着权利再分配的社会诉求，但是这并非合法意义上的行为，所以常常采用激烈对抗的方式。在欧洲的封建社会，权利的分配比东方专制社会的契约性更强，因为除了宗教因素以外，欧洲真正的专制社会并非出现在封建时代，而是在封建时代向资本主义的过渡阶段，也就是17至19世纪。启蒙运动出现后的专制必然遭受到强烈的抵制与反抗，因而这种专制反而招来了激烈的革命，最终将君主制社会变成了一种历史影像。在欧洲的君主制社会中，所有契约关系里，责任与权利最不对等的环节是领主与农奴之间的关系，农奴处于社会的最底层，责任远远大于权利与所得。因为这一阶层受到领主阶层的直接控制，甚至是武力威慑。相反，在古代的中国，最底层的民众虽然可能遭到层层盘剥，但是其自由度与社会参与度要远远高于欧洲的农奴。就欧洲封建社会的契约性质而言，这种社会契约是不对等的强制性契约。

当欧洲的君主制过渡到市民社会以后，权利结构发生了极大变化。19世纪欧洲资产阶级革命以后，君主制在欧洲名存实亡。西方由贵族政治转向平民政治，开始向三权分立型政治演化，议会政治是这种体制的典型代表，从此，世界政治开启了一个新的时代。卢梭等人的契约社会和孟德斯鸠（Charles Montesquieu）等人的三权分立理论为分权政治奠定了基本的理论框架，欧洲大革命后的三权分立不再仅仅停留在纸面上，西欧的大多数国家开始走向分权政治，市民阶层的话语权得到保障，欧洲社会存在的已经不是权利是否集中的问题，而是权利分配是否合宜的问题。权利的归属从法律上得以明确，一切权力属于公民，至少在名义上每个人都有平等的政治权利，私人产权得到保障，天赋人权的思想得到贯彻，权利的委托—代理关系变得简单明了，委托人是全体民众，代理人是政府，议会则是委托人的人格化，代表公民行使立法权。这样在民众与政府之间形成了监督关系。权利平等的法律与理念为契约社会奠定了基础，市民社会是权利行使过程中自愿结成的契约。这种契约关系虽然并不完美，但是，它是第一次真正实现了现代意义或者说卢梭意义上的社会契约关系。在人类历史上，社会契约关系由不平等走向平等，由部分人的契约变成了全体民众的契约。

平等社会契约关系的形成对资本主义经济的发展起着巨大的推动作用，这种关系将所有要素解放出来，要素可以进行自由交易，寻找产生更多收益的要素结合方式。要素可以以约定的方式自由流动，因而，使资源配置方式发生巨大改变，为以利润为目标的企业大生产奠定基础。资本主义刚刚在欧洲确立时是17世纪中叶，资本主义发展的初期在相当时间内经济发展水平并不引人瞩目。直至18世纪工业革命以后，技术进步带来了工业化大生产的生产率的迅速提升，才形成了一体化的生产方式，社会分工日益发达。市场化成为经济运行的基本方式，人们的生活与生产方式都在迅速发生着改变。这说明契约社会释放了巨大的社会生产力，为工业革命提供了前提条件。不是工业革命造就了发达资本主义，而是“契约社会”取代了中古时代的“身份社会”，造就了资本主义创造财富的能力。

市民社会是资本主义的基本社会结构，而其中中产阶级构成了市民社会的主体，贵族和农奴随着封建制度的瓦解而渐渐消失，取而代之的是资产阶级和自由民，资本主义的阶级身份趋于简单化，两者具有相同的精神和法律地位，身份是平等的。在契约关系中前者变成了雇佣者，后者变成了被雇佣者。事实上，由于每个阶层的经济地位不同，签约能力存在着差别，所以资本主义社会也存在着事实上的不平等，引发了18—19世纪欧洲剧烈的社会冲突和权利斗争，财富积累和工人运动同时并存。马克思（Karl Marx）“剩余价值理论”的问世就是这种矛盾的一种反映。这并不意味着资本主义的失败，而是资本主义矛盾的释放过程。资本主义社会降低社会摩擦力、在冲突中得以成长的基础在于其契约精神的推进，这给雇佣者与被雇佣者或劳资双方提供了相互谈判的机会。虽然两者进行讨价还价，但是，与中世纪农奴与封建主之间的关系相比，劳资双方的利益相关性更加密切，因为资本只有追逐利润才能在竞争中生存。也正是这种竞争的自由才能最后使劳动者增加了讨价还价的砝码，因为劳动者阶层不仅可以结成同盟进行斗争，而且也可以增强作为一种要素的重要程度。所以，资本主义发展过程也是两者讨价还价的过程，契约社会使资本主义避免陷入毁灭性的破坏。它成为资本主义社会排山倒海式追逐财富所引发的激烈社会冲突的排解阀。

契约社会的理想境界当然是完全平等与自由，不存在任何干扰签约的外在因素。这样的契约社会不可能存在。但从社会结构与法制精神的演化而言，资本主义社会尤其是发达的资本主义国家，其契约性质正在逐步接近这一边缘。自从真正的契约社会确定以来，市民社会的契约关系更多体现的是平等，而且这种平等主要是阶层之间权利地位的重新配置，权利性质发生了根本变化，贵族与其他阶层都成为权利的分享者，没有任何阶层能够在法律地位上和现实中独占权利。权利占有的根本变化在于平等化的取向，这并不是指权利的个体化平等，而是指特权阶层的弱化或消失。但是，个人的权利主要体现在群体活动中，不但如此，权利之争的再平衡和重新配置这一政治过程依然采取群体博弈的形式。个体的政治诉求要依赖于群体，如工人为争取权利与就业机会需要工会组织；还有各种行业协会及其他中间组织，在权利诉求中发挥着重要作用。这说明权利的人人平等还远未实现，没有这样的条件也就不可能形成自由契约。人作为自由的主体在任何环境下都能与任何组织或个人以合法的方式独立签约，并且取得真正平等的契约地位。社会歧视就是不平等的一种表现。

而在后现代社会中，随着法律体系的进一步完善，人权成为重要的词汇。它不仅仅是法律意义上的权利界定，不仅是平等意志的表现，而且也是人自由意志的一种追求。工业化社会中的重要特征是市场化与组织化，其基本的社会目标是利益最大化，即所谓的“功利主义”。每个人都处于分工协作的一个环节，它固然使人们获得了更多的经验与知识，但也使人们在社会中的角色变得单一起来，也就是分工会产生异化现象。市场化与分工使整个社会与经济走向一体化，人们的生活方式逐步趋近，人们被裹挟在追逐物质财富的潮水中而身不由己。功利主义成为最大的社会目标，而实现这一目标的主体是企业组织。它代替了传统家庭成为社会中最为重要的组织形式，社会关系中由对权贵的依附变成了对企业的依附。个人与家庭依然没有成为目标多元化的独立个体，社会意志代替了个别意志，以至于造成西方多重价值观念的冲突。20 世纪 60—70 年代，西方发达资本主义国家出现的混乱社会状态就是这种观念的反映。如西方的新左派运动、反战运动、黑人民权运动、青年反主流文化运动、学生运动、女权运动、环境保护运动等。这些运动在社会思潮方面的反映就是“后现代主义”。反对传统工业文明中的理性化、组织化，否定以中产阶级为主体的传统资本主义价值观，是对启蒙运动以来文化传统的反思，主张打破束缚和倡导个性自由。西方的 20 世纪 60 年代是一个反叛的年代，这些现象意味着社会处于由工业文明向后现代文明的转变阶段，这无疑是一个长期过程。20 世纪 70 年代末 80 年代初以后，在社会科学领域，自由主义大行其道，“华盛顿共识”就是一种表现形态。此外，道德哲学领域虽然存在着争论，但是，对正义与自由的呼声是这一领域的主调，人们越来越重视平等的参与权利和人身的自由。权利的个体化与社会的分散化为每个个体成为契约主体提供了必要条件，人们不再完全以群体中的身份考虑契约关系，虽然组织与个人在社会博弈中的力量还不够平衡，但在自由的氛围中，社会契约的透明度和可见度越来越强。私人合约的自由度也会更大。如果说踏入后工业时代之前的资本主义社会是平等契约时代①，那么，后工业社会中的契约特点越来越趋近于自由契约。

五、 义利观演化的契约分析

义利观的演化和社会发展的历史阶段与生产能力是相关的，因为欧洲的历史发展比较完整，所以欧洲发达国家也经历了义利观演化的多个层面，契约社会的特征日臻完善。

如前所述，欧洲的义利观演化大致可以分为三个阶段：中世纪之前与封建社会、工业资本主义社会和后工业资本主义社会。其主流义利观粗略划分，由

① 何怀宏将这一时期的契约关系称为“社会契约”。参考：何怀宏. 契约伦理与社会正义［M］. 北京：中国人民大学出版社，1993，51.

以“义”主导的社会演化为以“利”主导的社会，目前人们在反思功利主义的价值观，义与利的相对地位正在发生变化。下面我们以社会契约的性质解释义利观演化的规律。

以欧洲的封建社会作为义利观演化的开端，欧洲的封建社会虽然不完全是专制主义社会，但是它与东方专制主义也存在共同之处。欧洲的封建社会是一种贵族社会，社会分层化是此类社会的明显特征，一部分人为统治者，另一部分人为被统治者，被统治者甚至会失去部分自由。社会权利构成的主体不是平民，而是权贵阶层。所谓社会契约不是统治者与被统治者之间的契约，而是不同统治阶层之间的契约，如君主与领主之间的契约。君主、领主与自由民、农奴之间的契约不是社会契约，而是身份契约，这种契约强调“君权神授”。各种社会身份被认为是自然权力的安排，具有世袭性质，领主与农奴之间的责任与义务是由身份决定的，国王与领主之间的关系虽然也具有身份印记，但他们之间存在着权力制约，都属于统治阶层，与国王争权的不是农奴与自由民，而是领主阶层。所以，国王与领主之间的契约才是社会稳定的契约构架，只有他们之间才存在着真正的契约关系。这个阶段的契约关系主要是统治阶层之间的契约，因而，属于特权阶层之间的契约关系。中国专制社会的契约关系虽然与欧洲并不相同，但是也没有脱离这一范畴。这类社会契约的首要目标是维持统治者的稳定地位，形成对他们有利的统治格局。因而，其契约内涵更讲求身份认同与社会义务，每个阶层都有其固定的社会身份，等级森严。统治者所需要的是民众对其统治地位和权力的认可与遵从，而不是社会财富的最大化，反对社会的功利主义倾向。直到他们在海外找到殖民地实施殖民统治后，才出现了重商主义思潮。而这种掠夺式的海外贸易也只是对君主与大领主们更加有利，重商主义是政府与资本家之间的相互协作，而非一种惠及所有国民的思想情怀。在西欧封建社会的后期，不但没有放松管制，反而使许多国家走向了专制主义。这恰恰说明在财富快速积累的同时，统治者维持其权贵统治的迫切心态，他们对权力的需要远远大于他们对财富的渴望，因而，他们将“义”置于社会秩序的核心地位。通过这一手段将现有的不平等秩序礼俗化、合法化，对抗王权等同于背离了合理秩序。归根结底，在这一阶段，“义”的本质含义就是对封建等级秩序的遵从。

进入工业资本主义社会以后，传统意义上的权贵社会被消灭，权利的主体是国民，政府与民众之间的关系变成了代理人与委托人之间的关系。同样在公司制企业中，委托代理关系也开始盛行起来。无论是从政治上还是从经济上，社会开始向契约关系演化。在这种社会中，国民所关心的是权利分享的维系与存续，也就是说，这种委托—代理关系如何能实现“权利在民”的目的。以经济学的语言表述，就是如何实现代理人与委托人之间的激励相容。因而，自此西方就有了所谓的“三权分立”的权力构架。巧合的是，企业制度的发展为理顺内部委托—代理关系，也出现了企业内部三权制衡的现象。这两者之间不是没有必然联系，民主社会为工业资本主义的发展提供了契约条件，而工业资本主义的发展又促进了企业内部治理的变迁，形成新的企业内部治理结构。社会的委托代理契约决定了企业内部委托代理契约的有效性。这种契约关系就是我们所说的“民主社会”。民主社会的精神实质乃是平等，平等不仅是政治活动的灵魂，也是经济活动的灵魂。平等的契约地位与交易关系促使近代以降工业文明的长足发展，工业大生产如果没有市场开拓和分工深化，其成长性是难以存续的。

任何新制度的确立都不是一帆风顺的，工业文明伴随的是民主社会，一方面要确保业已确立的政治秩序，确保工商业阶层的社会地位；另一方面，也必须面对资产阶级与无产阶级的财富的两极分化。因而，在资本主义确立伊始，这个社会就面临着两重矛盾：一方面是反对旧势力，即资产阶级抑或全体民众与封建君主、贵族之间的矛盾；另一方面是无产阶级反对资产阶级的斗争。尽管资本主义制度已经确立，但是在相当长的时间内，社会契约中存在着多种不稳定因素。而且，随着工业文明的发展，在 19 世纪与 20 世纪劳资冲突逐步激化，演变成了此起彼伏的工人运动，这说明在民主社会，平等与自由也是一个循序渐进的过程，尽管存在着民主自由的制度框架，但是人们还需为这一权利的真正实现付出努力。也就是说，民众还必须在权力制衡的体制之外监督政府，维持公平与自由的社会秩序，或者说，这种契约的实现还需要外在力量加以推进。民主社会在这一阶段并不是一个自我实现的制度安排，这种由多种力量博弈维持权力均衡的委托—代理关系，我们可以称之为政府与公民之间的契约。社会思潮、运动与法律目的都是保证政府对公民的责任及公民所享有的社会权利和法律地位。“法律面前人人平等”便是这种契约关系的集中体现。

二战以后，新秩序在全世界确立，欧美发达国家在20世纪五六十年代得到迅速发展，民主自由不再仅仅是社会与法律的诉求，而是已经变成人们生活中不可缺少的一部分，也就是说自由、平等已经成为价值观。它绝对不再仅仅是一种外在的标签，而是内化为一种基因深刻地影响着社会、政治与经济领域。在西方人看来，这就是一种普世价值，它体现了对人的尊重和实在的人本主义。人在后工业社会中的作用也越来越明显。人力资本代替物质资本成为经济的重要推动力。虽然从形式上，政府与公民的关系依然是委托—代理关系，但是，权利的明晰化和透明化使这种委托—代理关系更加稳定，并且成本在不断降低，自由、民主观念的深化及权力制衡体系的健全化，使委托—代理关系不会因为信息不对称而出现明显的激励偏差，政府难以成为剥夺某些群体权利的帮凶。人们的选择目标已经不再是什么样的统治者，而是在权利得以保障的价值观下选择自己的生活方式和实现政治权力的方式。西式民主自由在这个阶段已经变成了一种自我实现的机制，甚至说其维持民主制度的法律框架也是自我实现的。在长期的过程中，它已经演化为具有自我扩展能力的制度框架。因而，在这种背景下，人们关注的是契约结构与实现的方式，而不是契约的性质，如罗尔斯与诺齐克、桑德尔·森等争论的只是公平自由等的实现路径。其中，政府在契约中的地位成为争论的焦点。契约的关键不再是如何保障公民在委托—代理关系中的权利问题，而是公民之间的权利配置问题。政府应不应该更多地干涉公民的缔约权，是追求更大自由还是平等（财富再分配），这意味着普通公民关注他们在契约中的权利尺度。这早已超越了启蒙时代，他们在寻求个人自主性和继后工业文明而来的非标准化生活方式。从演化的角度而言，工业文明是一种进步、解放，同时也带来了新的束缚，这一点学者们早已洞若观火。启蒙运动推进了人本主义，但是工业文明却将人重新置于一种新的奴役之中，功利主义使人处于一种从属地位，追逐财富代替人本身成为人类活动的最终目标，形成所谓的“拜物教”。后工业文明的到来，随着人们自由选择权的增加，人们开始摆脱这种束缚，还原人的本来面目，成为自身的主宰者，这也是后现代主义思想体系的本质所在。

虽然政治上还是委托—代理形式，但是后现代的政治契约显然更加讲求整体中的自主性，追求契约的自由地位，我们可以将这种契约形态称为“自由契约”。它不仅保障群体之间权利的平等，而且还要尊重个体之间的权利平等和选择自由。这个时代社会阶层化的痕迹逐步淡化，个性化的差别日渐明显，个人的身份不再重要，而个人能力和偏好则成为个体特征的新标志。

统治阶层之间结成的契约社会，并非现代意义上的契约社会。虽然统治阶层名义上将百姓放在首要地位，但实际上这样的社会属于权贵社会，社会分层十分明显，欧洲更是如此。如上所述，权贵统治者的首要目的是君权和族权的稳定性，因而自然会将社会主流价值观塑造成以义为重的价值体系，也就是使人们相信这种统治的合理性、不可动摇性。

而在市民社会中，社会平等、自由成为一种新的价值理念。虽然这个时代分层化并没有消失，但是资产阶级和市民阶层对改善自身地位、保障自身利益的热切期望推动着资产阶级的权利实现及权利的社会分享。权利结构不再沿袭统治与被统治之间的关系，第一次形成了现代意义上的契约国家。虽然身份痕迹并未根除，但更多的是变成了一种象征。民众取代了统治阶层成为社会价值塑造的主体，这时，社会价值观从建构归于演进。人们不再以传统方式来标注自己的社会地位与身份，而代之以追逐财富的方式，财富成为社会的标签。市场的发育和统一化也为财富的创造提供了可能；从斯密（Adam Smith）的个人主义到边沁的最大多数人的最大幸福；从新古典经济学的效用最大化到萨缪尔森（Paul Samuelson）的社会福利最大化。以追逐福祉为目的的社会观念最终演化为功利主义思想，福利国家的模式也就是功利主义思想的表现形态之一，功利主义思想自从产生以来对社会经济的发展和哲学、社会科学的发展都产生了深远的影响。直到目前为止，功利主义思想还没有完全为其他主流价值观所取代。在市民社会契约形态下，主流价值观从重义过渡到重利，从学理上可以理解为“功利主义”社会。

而当前西方发达国家的契约关系中，由统治者与公民的契约向公民之间的契约形态转化，虽然仍处于转化过程中，但这一取向已经有所显露。这种契约形式的突出特点表现为不再单纯地以阶层或群体的权利平等为基本目标，个体权利的平等与个人自由成为契约博弈的核心内容。个人平等代替了社会平等，个体目标代替了社会目标。社会分层化的痕迹逐步减弱，这是一个讲求公民权利以及与之对应的公民责任的时代。政府及立法者不再以追求功利主义为目标，而是以保障公民的合法权益为主要目标。尽管西方许多国家的政府依然坚守着经济功利主义目标，但是人们越来越意识到功利主义目标的社会与经济局限性。欧洲国家长期的高赋税政策和大范围的主权债务危机就是这种局限性的一种反映。对这种社会结构变迁的认识不仅仅存在于学者们的著作中，而且也存在于各国政府的政策变化中，20 世纪 80 年代后，西方新自由主义的兴起及其在政府政策中的应用，说明国家福利主义遭受到了众多的质疑，另一方面能说明这种趋势的是工会力量在社会、政治和企业组织中的变化。工会组织在美国由强变弱，也是权利个体化的表现形态之一。但是，功利主义思想和政策的减弱并不意味着国家经济实力的减弱和经济组织规模的下降。市场的竞争和配置资源的功能不会因为各类职业目标的变化而遭到削弱，相反，可能会随着政府目标管制的放松而增强。虽然政府之手的放松可能会加大收入分配的差距，但是权利平等行为的个体化使更多的人能够接受这种差距，并且在美国人们试图通过政府之外的社会力量解决收入差距问题。这些国家的企业正在形成利润取自社会并最终回馈社会的观念。比尔·盖茨（Bill Gates）、沃伦·巴菲特（Warren Buffett）等人的捐助行为很好地诠释了这种社会意识的变迁。权利的个体化和观念的多元化可能既有助于化解收入分配的悬殊问题，也有可能缓和经济萧条和风险。因为经济萧条来源于人们对经济活动的一致预期，偏好的多样化与决策的分散化有可能分化这样的预期，避免落入“羊群效应”。

以上分析可知，在权利个体化时代，偏好的多样化有了更大的实现空间。

个人在自己的权利空间以内，其目标至高无上，以社会目标的实现为托词侵害个人目标缺乏应有的理论依据。在经济学上，凯恩斯（John Keynes）的国家干预主义受到越来越多人的质疑，功利主义道路越走越窄。社会正在从整体化走向个体化，从集中化走向分散化。契约也正在发生类似的变化，在义与利的辨识上，后现代社会难以总结出一套明确的义利观，或者说这是一个义利并重的时代更为合适。集中的契约关系导致明确的义利观，而分散、自由的契约关系则难以形成价值观的主流形态。由此我们可以推断，西方后现代国家的义利观会逐步向一个模糊的状态演化，这一状态恰好意味着真正契约社会的到来。

六、 结论与启示

本文的分析整合起来的结论是，一个社会的权利结构（社会性质）决定了社会契约的形态，社会契约的形式决定了义利观。

封建社会是权利集中的社会，其契约关系为统治阶层之间的契约，重义轻利，目的是维持贵族统治。在资本主义社会初期权利分配逐步由传统的君权社会转移为民权社会，资产阶级取得了权利的核心地位，为保障民权的实现和社会的过渡，其社会契约的主旨在于制衡政府的权利，保护公民特别是资产阶级的商业权利与市场利益，维护市场的公平竞争成为政府的重要职责。因而，这个时期的社会契约主要在于如何在政府与市民之间分配权利，是统治阶层与公民结成的契约关系。而国家要向人们证明他们对保障公民福利所做出的努力，这种福利集中反映在人们的生活水平和国力的提升方面，因而是“利益社会”。而进入后现代社会，工业资本主义文明发展到相当高的程度，人们开始反思工业资本主义对人性和自由形成的桎梏，同时也开始反思以社会福利最大化为目标的政府权利运用时对个人自由的侵害，这个时段，人们在思考社会福利和个人权利之间的关系。政府的社会目标在于保障社会福利还是保障个体自由。每个人都在争取在宪政社会基础上的个体权利的实现和充分的人身自由，价值多元化成为一种社会潮流，而同时这种个体自由和权利保证了市场效率之间并不冲突，只是对财富的分配产生影响。不再担心市民与政府之间的委托—代理关系出现重大问题，而是关注每个个体权利的自我掌控和人身自由的真正实现度。社会契约中，人们关注的重心由对政府权力的担忧转向个体权利的实现空间和权利的平等化。所以，可以说这个时期的契约是公民之间的契约，而且人们的核心价值观不再以社会福利最大化的实现为重，而是以个体权利的实现为着眼点。从这一角度而言，社会价值观中体现出的是“义利并重”，并且逐步突出“义”的观念。

综上所述，西方社会义利观的演化和社会制度的变革紧密相关，一般而言，义利观是社会契约性质的外在反映。一个社会的义利观总是服从于统治阶层的利益，贵族统治时代，其结成的契约是贵族之间的契约，权利集中于一部分人手中，这种义利观代表着贵族阶层的价值取向，有利于维护贵族统治。在资产阶级争取自身权利的时代，社会契约形态呈现为政府与民众之间的权利分配关系，它满足于商业资产阶级对利益的追逐。虽然是市民社会，但权利的配置还是以资产阶级的利益为导向。而在后现代社会，权利配置趋向分散化，尤其是政府权利的集团化倾向逐步减弱，民权社会正在形成。因而，社会契约表现为公民之间的契约，主流价值观难以形成。总之，权利越集中的社会，其主流价值观越明显，是以义（无关“义”的含义）为主导的社会；而权利越分散，其主流价值观越模糊，每个人都重视法律所赋予的个人权利，对正当性的追求越来越清晰可见。后现代社会的义利观正在对建立在功利主义方法论基础上的经济学形成挑战。

参考文献

1. 何怀宏. 契约伦理与社会正义［M］. 北京：中国人民大学出版社，1993.

2. 澳乔德兰·库卡塔斯，菲利普·佩迪特. 罗尔斯［M］. 黑龙江：黑龙江人民出版社，1999.

3. 余英时. 民主制度与近代文明［M］. 桂林：广西师范大学出版社，2006.

4. 加尔布雷斯. 新工业国［M］. 北京：商务印书馆，1983.

5. 蒋自强，史晋川. 当代西方经济学流派［M］. 上海：复旦大学出版社，2014.

6. 布莱恩·莱瓦克，等. 西方世界：碰撞与转型［M］. 上海：格致出版社、上海人民出版社，2013.

7. 斯塔夫理阿诺斯. 全球通史［M］. 上海：上海社会科学出版社，1999－2005.

8. 威廉·H·麦尼尔. 竞逐富强（公元1000年以来的技术军事与社会）［M］. 上海：上海辞书出版社，2013.

9. 乔学斌. 试论目的论与道义论之辩［J］. 北京理工大学学报（社会科学版），2000（02），86－89.

10. 姚大志. 当代功利主义哲学［J］. 世界哲学，2012（02），50－61，161.

11. 简建平. 凝固与嬗变：中西方“义利观”的演变路径比较分析［J］. 贵州财经学院学报，2011（03），56－63.

12. 徐珂. 后现代主义的主要思想理论和成就述评［J］. 北京社会科学，2001（03），117－123.

13. 叶坦. 论道德伦理与经济利益——“义利”观念的时代演化与市场经济伦理的建构［J］. 安徽师范大学学报（人文社会科学版），2001（04），494－505.

14. 许平. “60年代”解读——60年代西方学生运动的历史定位［J］. 历史教学，2003（03），5－9.

（作者单位：东北财经大学经济学院）

政治经济学学科建设的历史经验与现实启示①

——以20世纪50年代的中国人民大学政治经济学教研室为例

陈艺丹

摘要： 马克思主义政治经济学是中国共产党理论体系的重要组成部分，政治经济学学科建设是中国共产党推动经济理论创新的重要保障。本文回顾了20世纪50年代中国人民大学政治经济学教研室的人才培养、课程建设和理论研究工作，提炼了人大政经教研室在初创过程中所取得的历史经验，总结了这些经验对当前推动政治经济学学科建设和中国共产党经济理论创新的现实启示。主要包括：政治经济学教学和理论研究必须坚持与中国实际相结合，破除各种理论迷信；应积极培养后备师资力量并组建人才梯队；必须有目的地搭建政治经济学教学载体和科研阵地，特别是要保证充分的教学课时量，并争取高水平理论刊物的积极配合。

关键词： 政治经济学　中国人民大学　教学与研究　历史经验　现实启示

马克思主义政治经济学是中国共产党理论体系的重要组成部分，政治经济学学科建设是中国共产党推动经济理论创新的重要保障。习近平总书记强调，“要把学习贯彻党的创新理论作为思想武装的重中之重，同学习马克思主义基本

① 基金项目：教育部哲学社会科学研究重大课题攻关项目“中国共产党经济理论创新的百年道路与经验总结研究”（21JZD008）。

原理贯通起来，同学习党史、新中国史、改革开放史、社会主义发展史结合起来，同新时代我们进行伟大斗争、建设伟大工程、推进伟大事业、实现伟大梦想的丰富实践联系起来”。本文旨在通过回顾中国人民大学政治经济学教研室这一特定主体的特定历史片段，提炼其在初创过程中取得的宝贵经验，总结这些经验对当前推动政治经济学学科建设和中国共产党经济理论创新的现实启示。

一、20 世纪 50 年代人大政经教研室的教学和理论研究工作

新中国成立后，社会经济形态的急剧转变要求在意识形态领域“破旧立新”，在全社会范围内树立起马克思主义的指导地位。为此，迫切需要设立一批马克思主义理论教学和研究机构，并在高校组织开设思想政治理论课。中国人民政治协商会议第一届全体会议通过的《中国人民政治协商会议共同纲领》提出：“中华人民共和国的文化教育为新民主主义的，即民族的、科学的、大众的文化教育。人民政府的文化教育工作应以提高人民文化水平，培育国家建设人才，肃清封建的、买办的、法西斯主义的思想，发展为人民服务的思想为主要任务。”① 在这一基本思想的指导下，中共中央和教育部陆续发布了一系列政策指导文件，要求高等学校开设政治理论课程，由此揭开了我国马克思主义政治经济学教学和研究工作的序幕。在教学和研究的组织形式方面，苏联高等教育委员会规定，有三个（含三个）以上政治经济学教师的高校需成立政治经济学教研室，作为基本教学组织统一安排教学计划。② 作为对苏联经验的借鉴，1950 年 7 月，中国人民大学成立了全国首个政治经济学教研室（以下简称人大政经教研室），直属学校教务部，负责全校本科生和研究生政治经济学课程的教学工作，由宋涛担任主任。③

相较于中共党史、哲学等其他政治理论课而言，马克思主义政治经济学的

---

① 上海高等教育局研究室．中华人民共和国成立以来高等教育重要文献选编（上）［M］．北京：华东师范大学出版社，1982，1－2．

② 中国教育工会上海市委员会．学校中的政治思想教育［M］．上海：棠棣出版社，1951，206．

③ 严格意义上来说，中国人民大学政治经济学教研室可追溯到陕北公学 1939 年成立的政治经济学教研室。

教学和研究在当时基本属于一片空白，仅有极少数学者有所涉猎。因此，新中国系统的马克思主义政治经济学理论教学和研究活动是以中国人民大学政治经济学教研室的成立作为起点的。在20世纪50年代，作为新中国政治经济学教学和研究最重要的阵地，人大政经教研室为全国高等学校和实务工作部门输送了一大批政治经济学专业教师、研究人员和业务骨干。

（一）人才培养和课程建设

在教学方面，教研室成立伊始，主要由阿尔玛佐夫等苏联专家负责，国内教员相对较少，在教学上还处于向苏联专家学习的阶段。之后，人大政经教研室在全国率先进行了开拓性的自主探索，形成了一大批具有示范意义的课程和教材。特别值得一提的是，1950—1952年，中国人民大学举办了三期高校教师政治经济学研究生班（学制两年），培养了新中国第一批马克思主义政治经济学教学和研究人才。1954年后，苏联专家给教员和研究生的讲授方法由系统讲授转为专题讲授，讲解经典著作和系统辅导，如苏联专家讲授了《社会主义制度下价值规律的作用》《〈资本论〉二、三卷的结构》等专题，此外，苏联专家还与教研室尝试结合中国国情对政治经济学理论课程进行了一些内容上的调整（见表1）。

表1　中国人民大学政治经济学教研室的苏联专家（1950—1957年）

姓名	在校时间	基本情况
阿尔马佐夫	1950年6月至1953年5月	负责给教员、校外进修教员及研究生讲课，编写《政治经济学（资本主义部分）讲稿》（内部）
耶里莫诺维奇	1950年7月至1951年6月	负责给研究生及夜大学生讲课
然明	1951年3月至1954年7月	负责给教研室二年级研究生讲授政治经济学、经济学说史，给夜大二年级学生讲课，编写《政治经济学（社会主义部分）讲义》（内部）、《经济学说史讲义》（公开发行）和《〈资本论〉二、三卷结构讲稿》（公开发行）

续表

姓名	在校时间	基本情况
焦莫什金	1951 年 10 月至 1953 年 6 月	负责给全校研究生、马列主义研究班政治经济学分班和夜大学生讲课，1953 年 6 月续聘后调至北京师范大学
诺沃肖洛夫	1952 年 10 月至 1953 年 7 月	负责给马列主义研究班哲学分班和夜大学生讲课，编写《政治经济学（资本主义讲稿）》（内部）和《〈资本论〉第一卷结构讲稿》（公开发行）
卡拉达耶夫	1955 年 12 月至 1956 年 6 月	负责给教员、进修教员及研究生讲课，编写《经济学说史讲义》上册（公开发行）
斯巴诺夫斯基	1955 年 8 月至 1957 年 6 月	学校顾问兼任政治经济学专家，负责给研究生讲课

资料来源：吴起民、耿化敏. 苏联专家与中国人民大学政治经济学理论课程的建立（1949－1957 年）[J]. 当代中国史研究 . 2017（4）.

通过几年摸索，人大政经教研室培养了一大批政治经济学人才，其中有相当一部分毕业学员留校担任教师，如卫兴华、胡钧、吴树青、庄次彭等。另外，还有一部分学员是从兄弟院校抽调来参与学习的，如复旦大学的蒋学模、北京大学的张友仁等。正如胡钧在自述中提到的那样：“1952 年 7 月研究生班毕业后，我留教研室从事政治经济学和《资本论》的教学和研究工作。这给了我实现自己理想的机会和场所，决定了我一生的工作轨迹。”① 到 50 年代后期，人大政经教研室师资队伍日益壮大，形成了一支包括宋涛、徐禾、苏星、卫兴华、胡钧、吴树青、俞明仁、陈秋梅、张朝尊、庄次彭、李云等在内的强大阵容。在完成了理论储备和教学经验的积累后，教研室逐步从苏联专家手中接过了政治经济学教学的接力棒。

在课程建设方面，人大政经教研室这一时期的主要工作集中在教学大纲、

① 胡钧. 学习、研究和运用马克思主义政治经济学的一生［J］. 毛泽东邓小平理论研究，2012（02），96－102，2.

讲义和教科书的编写方面。早在1951年，教研室就组织翻译了苏联经济学家奥斯特罗维强诺夫的《政治经济学研究提纲》，供高等学校和高等司法学校使用，这是现存最早的新中国政治经济学教学大纲。[①] 在之后的一段时间，人大政经教研室编写了一系列政治经济学教学材料，其中包括由宋涛、胡钧、陈秋梅与四川大学周春、中山大学张志铮等联合编写的《政治经济学教学大纲》（授课时间为136小时，见表2）[②]，供函授生使用的《政治经济学纲要》（共产主义部分）[③]，与北京大学政治经济学教研室联合编写的《政治经济学讲义》（社会主义部分）等。[④]

---

① 奥斯特罗维强诺夫. 政治经济学研究提纲［M］. 中国人民大学政治经济学教研室，译. 北京：中国人民大学，1951.

② 政治经济学教学大纲［M］. 北京：中国人民大学出版社，1956.

③ 中国人民大学政治经济学教研室函授教学小组. 政治经济学纲要：共产主义部分［M］. 中国人民大学，1958.

④ 中国人民大学政治经济学教研室，北京大学政治经济学教研室. 政治经济学讲义：社会主义部分［M］. 中国人民大学，1961.

表2　中国人民大学政治经济学教学大纲（1956年）

题次	题目	授课时数	讨论时数
1	政治经济学的对象	2	
2	原始公社的生产方式	2	
3	奴隶占有制的生产方式	2	
4	封建主义的生产方式	2	
5	商品生产。商品和货币	6	2
6	资本和剩余价值。资本主义的基本经济规律	6	4
7	工资	2	
8	资本积累和资产阶级贫困化	4	2
9	资本的循环和周转	2	
10	平均利润和生产价格	4	
11	商业资本和商业利润	2	
12	借贷资本和信用	2	
13	地租。资本主义制度下的土地关系	4	
14	社会资本的再生产和经济危机	6	2
15	帝国主义是资本主义的最高阶段	6	4（15—17）
16	帝国主义的历史地位	2	
17	资本主义总危机	4	
18	从资本主义到社会主义的过渡时期	10	4
19	生产资料公有制是社会主义生产关系的基础	3	
20	社会主义的基本经济规律	6	2
21	国民经济有计划发展的规律	3	2
22	社会主义制度下的商品生产、价值规律和货币	4	2
23	按劳分配的经济规律。社会主义制度下的工资	4	2
24	经济核算和赢利。成本和价格	4	
25	社会主义的农业体系	4	2
26	社会主义制度下的商业	2	
27	社会主义制度下的信用	2	
28	社会主义再生产	4	
29	从社会主义逐步过渡到共产主义	2	
30	社会主义世界经济体系的形成和发展	2	
	总计	108小时	28小时

资料来源：政治经济学教学大纲［M］．北京：中国人民大学出版社，1956.

这一阶段政治经济学的课程内容基本上是借鉴《苏联政治经济学教科书》展开的，具有以下几个特点：一是内容覆盖了从原始社会到共产主义社会的各个社会经济形态，体现出“广义政治经济学”的框架思路；二是以“生产方式”作为政治经济学研究对象，特别强调了资本主义生产方式向社会主义生产方式过渡、社会主义生产方式向共产主义生产方式过渡这两部分内容；三是注重从生产目的和手段的统一来界定“基本经济规律”，并提出了“国民经济有计划发展的规律”是社会主义基本经济规律的观点。

（二）教学研究工作

伴随着新中国建设事业的全面展开，我国政治经济学的教学和研究也掀起了第一波热潮。这一时期，人大政经教研室在政治经济学教学研究方面取得了不少成果，其中，由教研室集体编写的“《政治经济学教科书》名词解释系列”最具代表性，对帮助学生和群众学习政治经济学起到了重要作用。此外，授课教师还围绕教学过程中的一些疑难问题开展教学研究，发表了一批有质量、有见地的教学研究论文。

这一时期，授课教师开展的教学研究主要是针对政治经济学课程体系、内容和结构进行的探索和思考，以及学习苏联政治经济学的心得体会。当时，全国高等院校陆续开设了“政治经济学”这门必修课，但在教学过程中普遍存在空谈理论、照本宣科等问题。在此背景下，宋涛强调了联系党在过渡时期的总路线开展教学的必要性，并且明确提出：“教学中结合党在过渡时期的总路线，从政治经济学这门科学来说，也就是理论联系实际问题。”① 苏星也批判了政治经济学教学工作中存在的教条主义问题，他从教学内容、教学方法、教学过程三个方面提炼了政治经济学教学工作的发展方向，并着重强调了政治经济学社会主义部分的教学要以中国实际问题为中心，加强社会主义思想教育。② 此外，围绕政治经济学课程的教学方法，徐禾发表了《政治经济学讲授方法的基本要

---

① 宋涛．在社会主义政治经济学的教学中怎样联系党在过渡时期的总路线（初稿）［J］．教学与研究，1954（08），10－18.

② 苏星．政治经济学教研室教学工作的初步改革［J］．教学与研究，1958（06），40－42.

求》《怎样组织和领导政治经济学的课堂讨论》两篇文章，详细分析了讲授、自学、辅导、课堂讨论等教学形式在政治经济学课堂中的具体运用和组合搭配。①

1954年，苏联科学院经济研究所编写的《政治经济学教科书》出版，1955年6月，《政治经济学教科书》由人民出版社翻译引进，由此在全国掀起了一波学习政治经济学的热潮。出于配合各级各类学生和广大人民群众学习苏联《政治经济学教科书》的需要，1955年9月，人大政经教研室组建了由徐禾牵头，卫兴华、庄次彭、李宗正等人参加的编写小组，对苏联《政治经济学教科书》中的学术名词进行解释，并在《教学与研究》上连载。②

“名词简释”系列共计26篇，在1955年至1959年间陆续刊载，但也几经中断。连载期间，编写小组以“计斋”为名，在《教学与研究》上发表《“政治经济学教科书”名词简释》合计22篇，范围涵盖了苏联《政治经济学教科书》第一章至第二十二章的主要名词。1958年11月到1959年1月，毛泽东组织读书小组学习苏联《政治经济学教科书》，全国政治经济学学习热潮再次高涨。在此背景下，从1959年开始，“名词解释”系列又开始在《教学与研究》上刊载，卫兴华分别在1959年第8期、9期、11期和12期撰写发表4篇相关文章。③ 此后，由于中苏两党的思想分歧逐步走向公开化，全国高校纷纷停用苏联《政治经济学教科书》，与之配套的“名词简释系列”不再刊发。

此外，1956—1959年间，编写小组还以“计斋”的名义编写了《“政治经济学教科书”名词简释》一书，共六个分册，作为“教学与研究”丛书，由中国人民大学出版社出版。该书发行量很大，据资料显示，第一分册在1956年3月第一次印刷时发行量达30余万册，5月又第二次加印了35余万册，1959年第二版又印刷了20余万册。④ 这表明，政治经济学“名词简释系列”受众十分广泛，产生了重大的学术影响和社会影响，在20世纪五六十年代高校政治经济学

---

① 徐禾．政治经济学讲授方法的基本要求［J］．教学与研究，1956（03），43－46；［1］徐禾．怎样组织和领导政治经济学的课堂讨论［J］．教学与研究，1956（05），48－51．

② 卫兴华．我与《教学与研究》60年的学术交往［J］．教学与研究，2012（08），94－96．

③ 卫兴华．我与《教学与研究》60年的学术交往［J］．教学与研究，2012（08），94－96．

④ 卫兴华．我与《教学与研究》60年的学术交往［J］．教学与研究，2012（08），94－96．

建设和发展过程中起到了积极的推动作用。

到20世纪50年代中后期，出于配合课程教学的需要，人大政经教研室围绕马克思主义政治经济学经典理论撰写了系列学习文章。其中比较典型的是卫兴华、胡钧等学者针对《政治经济学教科书》第二十四至二十九章撰写的“学习体会”系列，这些文章在《教学与研究》1959年第8期至第12期连续刊载。此外，《前线》杂志于1959—1961年间组织刊发了“社会主义、资本主义经济问题学习纲要”系列论文，主要阐释政治经济学的基本理论问题，在当时也产生了较大的学术影响。人大政经教研室的俞明仁、李云等学者参与了这次学术讨论，并围绕社会主义生产关系的基本特点、资本积累和无产阶级贫困化等多个主题发表了文章。

（三）理论研究工作

这一阶段，人大政经教研室授课教师还发表了一系列政治经济学理论研究文章。尽管这一时期的政治经济学研究仍然以学习和借鉴苏联模式为主，但面对中国社会主义建设实践中的新情况和新问题，人大政经教研室将马克思主义政治经济学经典著作、苏联理论认识与我国建设实际密切结合，形成了一系列具有学术影响的理论成果。特别是在50年代末期，伴随着国际政治局势的变化，授课教师以马克思主义经典理论为依据，迈出了突破苏联传统理论范式的重要一步。譬如，胡钧撰写的《学习马克思的劳动二重性学说》、张朝尊撰写的《学习马克思的资本积累学说》，以及吴树青撰写的《关于“资本的循环与周转”的几个问题》，都发表了很多新颖的理论观点。[①] 卫兴华、陈秋梅二人有关地租问题的探讨也比较具有代表性。卫兴华撰写的《关于资本主义地租理论中的一些问题》一文在学界产生了很大的反响，他详细分析了级差地租Ⅰ、级差地租Ⅱ与绝对地租的形成过程和特点，着重探讨了对苏联政治经济学教科书中有关地租问题的不同理解。[②] 1956—1963年间，陈秋梅也先后就社会主义地租问题和土

① 胡钧．学习马克思的劳动二重性学说［J］．教学与研究，1962（03），40－43；张朝尊．学习马克思的资本积累学说［J］．教学与研究，1962（05），27－29.；吴树青．关于“资本的循环与周转”的几个问题［J］．教学与研究，1962（06），24－27.

② 卫兴华．关于资本主义地租理论中的一些问题［J］．经济研究，1956（01），67－83.

地报酬形态问题发表了4篇文章，并结合我国农业生产合作社的实践，对当时有关地租问题的理论争议作出了全面的说明。

此外，教研室成员还结合我国过渡时期的经济建设实践撰写了系列理论文章。其中比较有影响力的是苏星撰写的《社会主义经济法则在过渡时期的作用问题》一文，文章针对王学文在《中国新民主主义的几个经济法则》中提出的“主要经济法则”概念展开了商榷。苏星明确提出，我国过渡时期不是独立的社会形态，因此也不存在一个贯串全部社会生产的经济法则。[①] 此后，二人又陆续发文重申并完善了各自的主要观点，并由此在理论界掀起了广泛的学术讨论。[②] 另外，就过渡时期农业生产合作社问题，宋涛先后撰写了《初级农业生产合作社过渡到高级农业生产合作社的必然性》《试论农业生产合作社的生产和收入赶上或超过富裕中农生产和收入的经济意义》两篇文章，在当时也产生了一定的学术影响。[③] 总体而言，这一时期，人大政经教研室取得的理论成果呈现出两个特点：一是在学习苏联政治经济学的同时，有意识地对一些有争议性的理论问题进行深入探讨，在理论上形成独立见解；二是围绕当时我国推动社会主义改造的经济实践展开理论研究，有力地推动了马克思主义政治经济学基本原理同中国实践的有机结合。

二、 人大政经教研室推动政治经济学学科建设的历史经验与现实启示

中国人民大学政治经济学教研室是新中国政治经济学学科的重要奠基者和开拓者，在我国马克思主义政治经济学教学标准的设计、学科体系的建立和人才培养工作中都做出了突出贡献。20世纪50年代，尽管尚处于成立初期的摸索阶段，但在其发展过程中，人大政经教研室积累了诸多宝贵的建设经验，涉及

---

① 苏星. 社会主义基本经济法则在过渡时期的作用问题 [J]. 学习，1954 (04).

② 为此，《学习》专门出版了专辑收录相关论文。中国社会科学院经济研究所、人民日报社和《学习》杂志社分别于1954年12月和1955年1月召开了两次学术座谈会，就过渡时期经济法则问题开展研讨，与会学者主要有于光远、千家驹、王思华、王惠德、狄超白、宋涛、陶大镛、张锡昌、杨培新、苏星等。

③ 宋涛. 初级农业生产合作社过渡到高级农业生产合作社的必然性 [J]. 教学与研究，1956 (06)，1-11；宋涛. 试论农业生产合作社的生产和收入赶上或超过富裕中农生产和收入的经济意义 [J]. 教学与研究，1958 (04)，22-28.

课程教学、理论研究、人才培养等多个方面，这对当前我国政治经济学学科的建设和发展具有重要的启示意义。

（一）坚持理论研究与中国实际相结合

新中国成立后，政治经济学教学和科研工作存在着盲目崇拜苏联经验的教条主义趋向。一方面，作为社会主义阵营的一员，全国上下掀起了一波学习苏联经验的热潮，在经济、政治、意识形态、技术等各个方面以苏为师，高等教育自然也不例外。另一方面，新中国成立初期，包含政治经济学在内的思想政治理论课程建设工作百废待兴，这在客观上要求借鉴苏联的课程设置方案和教学模式。为了全面移植苏联的教学体系，人大政经教研室采用了以苏联专家为“工作母机”，进而制造新的“机器”的模式。如此一来，教学过程中不可避免地出现了中国教员“照本宣科”地宣讲苏联专家的教学讲义，而不联系中国实际的问题。

上述问题在教学实践中暴露出来，引起了校方的高度重视。1953 年 10 月，在《中国人民大学关于苏联专家工作的检查报告》中，校方要求结合中国实际提升学习和教学效果，克服把苏联专家当作“活字典”的依赖心理。① 在此背景下，人大政经教研室进入了克服教条主义的调整阶段，迈出了突破苏联范式的重要一步。譬如，教研室组织编写的《“政治经济学教科书”名词简释》系列，就比较明显地体现出把理论阐释与中国实际结合起来的特点。苏联《政治经济学教科书》全书共三篇四十二章，分别研究了前资本主义、资本主义和社会主义的生产方式，“名词简释系列”按照教科书章节顺序和各名词出现的先后顺序进行编排。同时，编写者注重介绍这些名词在特定经济制度下的含义，这一点在介绍社会主义部分的政治经济学名词时体现得尤为明显。② 从进入社会主义部分的名词简释“续十四”开始，一直到连载中断前的最后一篇“续二一”，除了“续十八”内容为苏联“新经济政策”外，每篇文章都结合我国经济社会的特点进行了词条阐释，着重联系了党在过渡时期的总路线，分析了这些政治经济学

① 校长办公室：《中国人民大学关于苏联专家工作的检查报告（1953 年 10 月 24 日）》，中国人民大学档案馆藏，档案号 1953 - XZ11 - XB - 8。

② 计齐．“政治经济学教科书”名词简释：初稿［J］．教学与研究，1955（Z1），80 - 86.

名词在我国社会历史条件下的具体运用和实际情况（见表3）。

表3　体现理论阐释与中国实际相结合的“名词简释”

文章序号	词条（页码）	原文	期号
续十四	从资本主义到社会主义的过渡时期（341）	由此可见，与苏联当时相此，我国过渡时期有一个重要特点，即先完成社会主义改造，实行生产关系中的革命，后完成社会主义工业化和技术的革命。	1956年第12期
续十五	对外贸易垄断制（348）	在我国过渡时期，对外贸易的基本政策是：在平等互利的基础上与各国的政府和人民发展通商贸易关系并实行对外贸易管制与保护贸易的政策。	1957年第1期
续十六	国家资本主义（349）	我国的国家资本主义，不仅是用来发展整个国民经济和生产力的重要力量，而且是通过和平手段来改造资本主义工商业的阶梯和道路，是消灭资本主义的过渡步骤。	1957年第2期
续十七	过渡时期经济的基本矛盾（352）	社会主义同资本主义的这一主要矛盾的解决，并不意味着过渡时期的结束……也正因为这样，我国过渡时期现阶段的主要矛盾，便转化为先进的社会主义制度同落后的社会生产力之间的矛盾。	1957年第3期
续十九	社会主义工业化（364）	社会主义工业化的任务，也是我国过渡时期总路线的主体……新中国成立后的中国人民必须在最短时间内克服我国的经济落后状态，使我国成为一个强大的工业国家。	1957年第5期
续二十	农业集体化（377）	在我国过渡时期，党和政府即将对小农经济实行社会主义改造规定为建设社会主义的总路线总任务的重要组成部分。	1957年第6期
续二一	农业劳动组合章程（388）	我国农业生产合作社章程具体地表现了党的合作化政策，集中地表现了农民在党的领导下走社会主义道路的意志，成为我国建设社会主义农业的有力武器。	1957年第12期

注：原文部分引自《教学与研究》1956—1957年刊发的《“政治经济学教科书”名词简释》（续十四—续二一）。

此外，在理论研究方面，授课教师在这一时期也开始展开不同于苏联政治经济学研究结论的独立思考。其中比较有代表性的成果是卫兴华的两篇论文：《固定资本周转的快慢对利润率有无影响?》和《关于“剩余劳动”“剩余产品”等范畴在社会主义经济中能否应用的问题》。针对苏联《政治经济学教科书》中关于固定资本的周转快慢影响利润率的认识，卫兴华提出，从本质上讲，固定资本周转快于流动资本导致利润率下降仍然是资本有机构成提高的结果，而实际上只有可变资本的周转才会对利润率产生影响。[①] 在《关于“剩余劳动”“剩余产品”等范畴在社会主义经济中能否应用的问题》一文中，卫兴华反驳了斯大林在《苏联社会主义经济问题》中提出的观点，认为在“社会主义和共产主义社会，仍然存在剩余劳动和剩余产品问题”。[②] 这种理论探索虽未能取得系统性的研究成果，但仍然是马克思主义政治经济学中国化的历史发端，同时，也展现了20世纪50年代我国政治经济学教学与研究的路径变迁过程——从全盘接受“苏联范式”到逐步破除“绝对迷信”，因而具有重要的理论意义和现实意义。

当前，在经济学领域，对西方经济学理论的盲目推崇已经成为一种新的“教条主义”，这种教条主义的做法与20世纪50年代国内学界对苏联政治经济学的“绝对迷信”十分类似。从阶级属性来看，西方经济学是资产阶级意识形态在经济领域的集中体现，其有关市场自由化、私有产权效率最优、供给与需求关系、经济人假设等诸多观点，这都是其阶级性和辩护性的典型例证。然而，在高校经济学教学和科研工作中，有些教师往往不加批判地接受、研究和讲授西方经济学理论，并有意识地突出其科学性和实用性，对其阶级性和庸俗性视而不见。这种教条主义的倾向和做法，与开设西方经济学课程的目的严重相悖，极大地冲击了马克思主义在经济学教学科研工作中的指导地位，并导致马克思主义政治经济学在一定程度上被边缘化，因此需要引起足够重视。

---

① 卫兴华. 固定资本周转的快慢对利润率有无影响? [J]. 教学与研究，1957 (04)，32－33.

② 卫兴华. 关于“剩余劳动”“剩余产品”等范畴在社会主义经济中能否应用的问题 [J]. 教学与研究，1957 (05)，24.

以史为鉴，面向未来。人大政经教研室在20世纪50年代的做法和取得的经验充分表明，对待外来学说，不能盲目地全盘接纳，必须坚持与中国实际相结合，反对教条主义倾向。习近平总书记指出："对国外特别是西方经济学，我们要坚持去粗存精，去伪存真，坚持以我为主，为我所用，对其中反映资本主义制度属性、价值观念的内容，对其中具有西方意识形态的内容，不能照搬照抄。"①在教学工作方面，要重点解决教学中理论严重脱离中国实际的问题，明确西方经济学的二重性特征。不可否认的是，西方经济学采用的诸多分析工具和分析方法，在分析社会主义经济运行机制时具有一定参考价值和借鉴意义，其包括社会化大生产和市场经济规律理论在内的诸多学说也存在合理成分。但与此同时，要注意西方经济学所代表的阶级立场和经济制度，不能淡化其意识形态色彩。因此，在教学过程中，应立足于我国国情实际，多运用本土化教学案例，有批判、有反思地讲授西方经济学理论，特别是要阐明某种理论产生的特定背景、前提假设和适用范围。②

在科研工作方面，要坚持"以我为主，为我所用"。正如人大政经教研室把我国过渡时期经济建设实践与政治经济学基本原理结合起来加以分析一样，当前，对西方经济学的学习和研究也要与我国实际相结合，有选择、有取舍地吸收借鉴其合理成分，最大限度地发挥其对我国经济发展和市场化改革的积极作用。就目前而言，政治经济学界要构建起以马克思主义政治经济学为基础，吸收、借鉴并超越西方经济学范式的"当代中国经济学"范式。也就是说，当代世界和中国实践的发展要求构建一个独立的、能够满足国家需要的经济学理论体系，一个体现中国历史和现实特色的新的经济学理论体系。③ 要构建这样一个经济学理论体系，一方面，要树立强烈的创新意识，在理论上回答我国经济发展面临的新情况和新问题，深化对当代资本主义新变化及其发展趋势的认识；另一方面，要积极总结我国经济发展实践经验，并将其上升为系统化的经济学

① 中共中央党史和文献研究院．十八大以来重要文献选编：下［M］．北京：中央文献出版社，2018，6 - 7.

② 颜鹏飞，周绍东．述评结合：《西方经济学》教材编写思路和结构安排［J］．中国大学教学，2020（04），89 - 96.

③ 邱海平．对新时代中国经济学定位的思考［J］．经济纵横，2018（01），17 - 18，2.

说，从而凝练出具有中国特色的政治经济学话语体系，推动中国经济学派的历史性崛起。

（二）积极培养后备师资力量并组建人才梯队

要提高政治经济学学科的教学质量和科研水平，关键在于打造一支人数充足、质量优秀、结构合理的学科人才队伍。20世纪50年代，人大政经教研室形成了以老一辈经济学家为带头人，以中年教师为骨干，以青年教师为后备力量的人才梯队。特别值得注意的是，为了解决当时政治经济学师资力量短缺的问题，人大政经教研室在成立初期就开办了政治经济学研究生班。这几届研究生班的毕业生构成了后期全国政治经济学师资力量的基本班底。同时，在这几届研究生班中，一大批优秀青年学者涌现出来，他们当中的不少人留校任教，并迅速成长为教研室的中流砥柱，卫兴华、胡钧、吴树青等就是其中的优秀代表。研究生班的顺利开办进一步充实了中国人民大学政治经济学学科的师资力量，这为人大政经教研室进行学术传承并持续保持学科优势打下了坚实的基础。

在人才梯队搭建和青年教师培养方面，人大政经教研室始终坚持“一切重大原则问题都经过充分酝酿、集体讨论，做出决定，经领导批准后，分工负责，贯彻执行”的集体主义工作作风。① 这一作风体现在教学工作中，表现为采取集体备课的方式，教员在教学过程中严格按照集体研究成果开展教学。并且，教研室还组织集体听课，并在课后围绕该教员的授课内容和所用讲义展开讨论，共同提出修改建议以完善教学。譬如，1951年3月，教研室围绕孙健教员的授课提出了一些意见和建议，宋涛认为其“讲授提纲写得比较简单”，鲁达则提出了理论性有余、战斗性不足的问题。②

当前，我国政治经济学学科队伍和师资力量存在不少问题，特别是年龄结构不合理，中青年学者出现断层，在不少高校都出现了政治经济学“后继无人”的现象。由于师资力量相对薄弱，在教学中，集体备课、集体学习等合作方式

① 耿化敏，吴起民. 苏联专家与新中国高校政治理论课程的建立［J］. 中共党史研究，2016（06），55-67.

② 耿化敏，吴起民. 苏联专家与新中国高校政治理论课程的建立［J］. 中共党史研究，2016（06），55-67.

流于形式，科研工作“闭门造车”的现象也比较普遍。中国人民大学政治经济学学科之所以能够长期保持领先地位，这与早期积累的人才队伍建设经验不无关系。反过来说，如果无法培养并留住一批优秀青年人才，学科就将持续陷入青黄不接的尴尬境地。从目前的形势来看，高校必须高度重视中青年学者特别是80后、90后政治经济学青年学者的培养工作，加快形成以老一辈经济学家为引领，中年领军人才为砥柱，优秀青年学者不断涌现的学术梯队。具体来说，要抓两方面工作。第一，要加强政治经济学教学的组织性和计划性，贯彻“传帮带”。通过开展集体备课、教学研讨会、师生座谈会的方式，共同商定教学计划，对教学工作进行统一部署，集思广益设计教学环节，共享教学资源。在教学过程中，教师们要尊重教学计划的权威性，遵守统一规范的教学流程，严格按照教学计划备课。此外，要贯彻“传帮带”，指定资深教师指导青年教师，采用课程试讲、集体听课、个别指导等形式，指出青年教师在教学过程中存在的问题，提高教学水平。第二，坚持科研协同攻关。应有计划有组织地引导本单位科研人员围绕特定研究主题开展协同研究，同时以“老带新”的方式，形成具有鲜明特色的学术流派，引领新的研究热点，丰富新的研究视角，扩大政治经济学学科的学术影响力。

（三）搭建政治经济学教学载体和科研阵地

第一，以充足的课时量作为教学载体。充足的课时量对于保障课程教学的效果具有极端的重要性。宋涛、胡钧、陈秋梅与四川大学周春、中山大学张志铮等联合编写的《政治经济学教学大纲》一书显示，1956年，中国人民大学政治经济学课程的课时安排为：授课时数108小时，讨论时数28小时，共计136小时。[①] 在充足课时的支撑下，这门课程涉及的内容十分广泛，覆盖了从原始社会到共产主义社会的各个社会经济形态，体现出“广义政治经济学”的结构思路。

就当前我国政治经济学专业教学而言，提高课时量、设定合理学分已迫在眉睫。第一，作为专业基础课的“政治经济学”课时量不足。目前，大部分高

① 编写组．政治经济学教学大纲［M］．北京：中国人民大学出版社，1956.

校的经济学类专业只开设一个学期的政治经济学，而西方经济学则开设了微观经济学、宏观经济学、中级微观经济学、中级宏观经济学，甚至还增设了高级微观、宏观经济学等选修课。这导致目前高校政治经济学与西方经济学在课程体系中课时和学分比例为1：3左右。[①] 第二，马克思主义理论大类专业（包括马克思主义理论和思想政治教育本科专业）的“政治经济学”课时量不足。目前，马克思主义理论大类专业的政治经济学课时量普遍不足，一般只限于一个学期，少有专业开设高级政治经济学、《资本论》选读等课程。第三，思想政治公共课中的政治经济学内容不足。2005年2月，中共中央宣传部、教育部发布《关于进一步加强和改进高等学校思想政治理论课的意见》（教社政〔2005〕5号），以“马克思主义基本原理概论”取代了“马克思主义理论”三个组成部分。在课时设置上，由原来126—130课时压缩至48课时。在马克思主义理论研究和建设工程重点教材——《马克思主义基本原理概论》中，政治经济学原理仅占两章内容（全书共七章），由此可以推测，“马克思主义基本原理概论”中的政治经济学部分的授课时长不会超过16课时。[②]

为此，要尽快扭转政治经济学课时量不足、学分过低的局面，在专业基础课、大类平台课和思想政治课等不同类型的课程设置上，加大政治经济学课时比重，保证教师有充分的课时量进行理论讲解。同时，还要尽快设计中级政治经济学、高级政治经济学及政治经济学各专题的课程方案和学时计划，以满足经济类和马克思主义理论类研究生培养的需要。

第二，以理论刊物作为科研阵地。学术刊物是刊登研究成果、表达学术观点的重要载体和平台。20世纪50年代，尽管政治经济学的理论研究处于起步阶段，但当时的主要理论刊物，如《教学与研究》《经济研究》《学习》《学术月刊》《新建设》《计划经济》等都发表了大量政治经济学论文，特别是《教学与研究》刊发了一系列重要的政治经济学教学研究和理论研究成果，成为人大政

① 王朝科，冒佩华．改革开放以来马克思主义政治经济学话语权：历史、反思和启示［J］．毛泽东邓小平理论研究，2016（12），37-42，89．

② 马克思主义基本原理概论［M］．北京：高等教育出版社．2018

经教研室重要的学术阵地，促进了学术研究与科研载体的良性互动。

反观当前，政治经济学自身的学科刊物数量少，大部分经济学刊物发表政治经济学论文的数量也比较少，这已成为制约学科发展，抑制理论创新的重要因素之一。以《经济研究》为例，从 1992 年到 2015 年，该刊物刊发的马克思主义政治经济学论文基本上每年只有 1 篇，发文比重长期处于 2% 以下。[①] 近年来，科研载体缺失的问题有所改观，但总体来说，学术刊物对政治经济学学科的支持力度仍需进一步提高。目前，刊名中含有“政治经济学”字样的仅有《政治经济学评论》《政治经济学报》《政治经济学研究》和《政治经济学季刊》四家。在经济类刊物中，政治经济学论文占比较大的有《当代经济研究》《经济纵横》《财经科学》《经济学家》《中国经济问题》《改革与战略》等刊物。在综合类社科理论期刊中，《中国高校社会科学》《教学与研究》《学习与探索》《理论月刊》等刊物开设了政治经济学及相关学科的专栏。在高校学报中，仅有《西北大学学报（哲学社会科学版）》《河北经贸大学学报》《安徽师范大学学报（人文社会科学版）》等少数刊物刊登马克思主义政治经济学论文。在马克思主义理论类刊物中，政治经济学发文比重低于马克思主义哲学、马克思主义中国化等学科门类，马克思主义政治经济学的相关专栏也相对较少。

因此，必须致力于建设政治经济学学科期刊体系，搭建科研载体，打造理论阵地。一方面，要加大力度创办新的政治经济学理论刊物，鼓励经济类刊物加大对政治经济学学术成果的支持力度；另一方面，要鼓励社科综合类及马克思主义理论类综合刊物开辟马克思主义政治经济学、中国特色社会主义政治经济学专栏，为理论创新成果提供发声机会。

三、结语

人事有代谢，往来成古今。习近平总书记在致第二十二届国际历史科学大

① 王朝科，冒佩华. 改革开放以来马克思主义政治经济学话语权：历史、反思和启示［J］. 毛泽东邓小平理论研究，2016（12），37－42，89.

会的贺信中指出："历史研究是一切社会科学的基础，承担着'究天人之际，通古今之变'的使命。世界的今天是从世界的昨天发展而来的。今天世界遇到的很多事情可以在历史上找到影子，历史上发生的很多事情也可以作为今天的镜鉴。重视历史、研究历史、借鉴历史，可以给人类带来很多了解昨天、把握今天、开创明天的智慧。"如何推动马克思主义政治经济学中国化，建设中国特色社会主义政治经济学，是我国政治经济学界所面临的重大课题，也是中国共产党经济理论创新的重大课题。20世纪50年代，政治经济学掀起了新中国成立以来的第一次学习和研究高潮。作为新中国最早成立的政治经济学教学科研机构，中国人民大学政治经济学教研室在这次理论高潮中发挥了重要作用，也积累了宝贵的历史经验。这些经验包括：政治经济学教学和理论研究必须坚持与中国实际相结合，破除各种理论迷信；应积极培养后备师资力量并组建人才梯队；必须有目的性地搭建政治经济学教学载体和科研阵地，特别是要保证充分的教学课时量，并争取高水平理论刊物的积极配合。从这些历史经验中提炼现实启示，以史为鉴地推动政治经济学学科的发展，更好地发挥其指导社会主义经济建设实践的作用，将是很长一个时期内的重要理论任务。

参考文献

1. 中国教育工会上海市委员会. 学校中的政治思想教育［M］. 上海：棠棣出版社，1951.

2. 奥斯特罗维强诺夫. 政治经济学研究提纲［M］. 中国人民大学政治经济学教研室，译. 北京：中国人民大学，1951.

3. 中国人民大学政治经济学教研室函授教学小组. 政治经济学纲要：共产主义部分［M］. 北京：中国人民大学，1958.

（作者单位：武汉大学马克思主义学院）

悖论性权力的制约与消解：资本权力批判的逻辑进路与理论效应

秦一帆

摘要： 资本本质上是对无酬劳动的支配权。悖论性质是资本权力的结构特性，并且蕴含着其内在限度。在动态视角中，资本逻辑与资本权力之间通过辩证法纽带紧密关联，一方面，从抽象上升到具体的辩证逻辑蕴含着二者的关联路径；另一方面，利润率与剩余价值率的辩证关系则进一步揭示了二者的关联形式。当代资本权力的支配模式和基本特征体现为资本权力的数字化、智能化、金融化、主体化。资本权力批判应当在制约与消解资本权力的过程中发挥更为积极的理论效应。

关键词： 资本　悖论性权力　资本逻辑　资本权力　辩证法

在《资本论》及其手稿等一众文本中，资本作为一种权力，是马克思“资本”概念的关键维度，与现代社会的权力结构和生存秩序紧密关联，深刻塑造着资本主义现代性的基础格局和发展样态。资本权力批判构成了马克思资本批判理论的重要内容，并在多层次的理论视域中生根发芽①，深度切中当今中国社会关于“资本向何处去”的复杂问题。基于政治经济学的批判视域，资本权力批判的逻辑进路和理论效应显露出诸多难题：资本权力的结构特性与内在限度如何把握？资本权力与逻辑的内在关联如何构建？当代资本权力的支配模式和基本特征如何呈现？资本权力批判的理论效应如何发挥？这些问题构成了资本权力批判得以正本清源和深化拓展的理论挑战，也是本文尝试解决的主要任务。

一、悖论性权力：资本权力的结构特性与内在限度

与吉登斯和罗素等学者对马克思的理论批评②不符，权力批判始终深嵌于马克思的资本批判中，并承载着重要的理论功能。只不过在马克思看来，古代社

① 对马克思资本权力批判的研究热度近年来持续攀升。从目前学界对马克思资本权力批判的最新研究成果来看，有学者从马克思所有制思想出发，将资本权力分为经济支配权力与超经济支配权力两种类型，阐释了资本权力的所有制根源。参见：陈广思．结构、权力与方法：论马克思的所有制思想——兼论历史唯物主义的若干命题［J］．中国社会科学，2020（01），4－29，204．有学者从概念规定、历史脉络和结构特征三个方面分析资本权力，认为资本本身就是基于资本主义生产关系的经济社会权力。参见：董彪．马克思的资本批判：从增殖逻辑到权力逻辑［J］．哲学研究，2021（09），45－53．有学者从资本权力与政治权力的理论差异和思想史线索出发，提出资本权力是超越了政治强权的一种生命权力。参见：杨虹，靳帅帅．马克思资本权力批判思想［J］．广西社会科学，2021（09），97－102．有学者将资本权力视作一种规训劳动者主体性的力量，认为资本与时间、空间的同构使资本对人的规训发展为一种政治权力。参见：王雪，张盾．资本的权力与主体性的消解——马克思政治经济学批判中的一个政治问题［J］．东南学术，2021（02），47－55．有学者从资本权力批判与生命政治批判的理论会通出发，通过对资本的生命权力机制的分析，提出资本权力自我形成、自我实现的过程就是生命政治实践的过程。参见：董彪．马克思的资本权力思想与生命政治批判［J］．内蒙古社会科学，2021，42（03），48－55．有学者从“非物质劳动”所印证的当代资本主义劳动范式的转型出发，阐释了全球时代资本权力的运作方式和新式特征。参见：徐示奥．论“非物质劳动”与全球时代的资本权力［J］．长白学刊，2015（03），49－54．有学者以资本权力批判为切入点，辨析了马克思资本权力思想与黑格尔财产权思想之间的复杂关系，从而将马克思政治哲学的真实内涵归于资本权力批判。参见：董键铭．重思马克思政治哲学的真实内涵——以资本权力批判为切入点［J］．哲学动态，2021（08），24－32，128．总体来看，学界立足于资本批判的多重语境来阐释马克思资本权力批判的思想意蕴，对资本权力的概念内涵、基本类型、生成根源、支配方式以及突出特征等多重内容作出了有益探索。而从深化研究的生长点来看，第一，学界对资本权力的政治经济学批判仍然需要增强。相关学术观点有悖马克思政治经济学的基本原理，尚未触及资本权力的深层本质，有损资本权力批判的科学性和全面性。第二，学界对资本权力的研究缺乏现实关照。绝大部分的研究满足于思想史层面的反复踌躇，而对当代资本权力的研究有所欠缺，无法为制约和消解资本权力提出有益对策。第三，学界对资本权力的研究方法有待拓展。较多研究采用的都是抽象思辨等传统研究方法，实证研究等研究方法运用不足，从而一定程度上遮蔽了资本权力批判的理论效应。

② 例如，吉登斯认为，“马克思对于权力概念从未做过令人满意的理论解释，这种失误使其历史分析方案一开始就存在某些严重的局限”。参见：安东尼·吉登斯．历史唯物主义的当代批判——权力、财产与国家［M］．郭忠华，译．上海：上海译文出版社，2010，3．罗素认为，马克思仅仅看到了经济上的利己动机，而忽视了对权力的追求，并提出：“当适度的享受有了保证的时候，个人与社会所追求的是权力而不是财富：他们可以放弃财富的增加来确保权力的发展；但不论是前一种情形还是后一种情形，他们的基本动机都不是经济上的动机。”参见：伯特兰·罗素．权力论——新社会分析［M］．吴友三，译．北京：商务印书馆，2011，3．

会的王权、神权等社会权力“在现代社会已经转移到了资本家的手里”①。资本本来就是“资产阶级社会的支配一切的经济权力”。② 资本权力植根于资本主义生产关系，通过资本的增殖运动来实现权力的获得和累积。而资本权力的本质内容也不是亚当·斯密所说的，③ 仅仅是对劳动的支配权，“按其本质来说，它是对无酬劳动的支配权”。④

从资本权力的生成和运转来看，首先，劳动力商品化是资本权力赖以生成的关键枢纽。资本对无酬劳动的剥削以“自由得一无所有”⑤ 的无产者为前提，并通过对劳动力这种特殊商品的购买和使用，实现产品的价值增殖，也就是无偿占有劳动创造的剩余价值，来使“G－W－G'”这一资本总公式成立。其次，货币权力和所有制权力是资本权力赖以运转的双重基础。一方面，货币权力作为一种社会形式的交换权力，不仅将所有人纳入商品交换的社会体系中，又为资本购买劳动力商品提供了基本形式。正如列宁所言，“从商品交换中，从货币权力的出现中，产生了资本权力”。⑥ 另一方面，货币权力促生资本权力的过程离不开所有制权力的催化。因为只有生产资料为少数人所垄断，劳动者才不得不出卖劳动力以和生产资料相结合，劳动力商品化才成为可能。“在资本主义生产条件下，所有权对资本家来说表现为占有他人无酬劳动的权力”。⑦ 最后，经济支配权力和超经济支配权力是资本权力的双重形态。⑧ 其中经济支配权力突出地表现为资本对社会总生产的支配，包括生产、分配、交换以及消费等全部环节。而超经济支配权力则表现为资本通过影响政治、法律、军事、文化及人口

---

① 马克思恩格斯文集：第 5 卷［M］. 北京：人民出版社，2009，387.

② 马克思恩格斯选集：第 2 卷［M］. 北京：人民出版社，2012，707.

③ 有学者抽象地将资本权力理解为一种对劳动的支配，这一种理解方式实际上退回到了剩余价值论诞生以前，并造成了不同时期马克思文本的混淆与抵牾。本质上来讲，资本权力应该是对“无酬劳动”的支配，在此基础上，资本对劳动者、劳动过程、劳动产品的实际支配是资本支配无酬劳动的外在表征。如果仅仅将资本权力理解为对劳动的支配，那么资本权力与无产者之间就仅仅是一种一般的强制性关系，而未上升到一种特殊的剥削性关系。

④ 马克思恩格斯文集：第 5 卷［M］. 北京：人民出版社，2009，611.

⑤ 马克思恩格斯文集：第 5 卷［M］. 北京：人民出版社，2009，197.

⑥ 列宁选集：第 4 卷［M］. 北京：人民出版社，2012，29.

⑦ 马克思恩格斯文集：第 5 卷［M］. 北京：人民出版社，2009，4.

⑧ 陈广思. 结构、权力与方法：论马克思的所有制思想——兼论历史唯物主义的若干命题［J］. 中国社会科学，2020(01)，4－29，204.

等一系列因素，进一步加强对劳动者的支配，并最终服务于资本增殖。[①]

而从资本的结构特性来看，资本作为一个“活生生的矛盾”，[②] 由其延伸出的权力关系自然被赋予了深刻的悖论属性，并也由此规定了资本权力的内在限度。具体而言，资本权力不是前资本主义时代以绝对的人身依附关系为标志的权力类型，[③] 也不是抽象意义上的物对人、客体对主体的权力关系，而是植根于资本主义生产关系的一种特殊的权力关系，呈现出深刻的悖论性，并在资本权力的生成过程、权力归属、基本性质及发展趋势中得以展现。

第一，在生成过程上，存在着形式平等与实质从属的悖论。资本主义生产关系中，资本无偿占有剩余价值的权力关系恰恰是在资本家与无产者“平等”的商品交换过程中生成的。从商品流通的“W－G－W”公式到资本增殖的“G－W－G'”公式，正是资本对无酬劳动的占有成为前者向后者转换的关键。如马克思所说：“资本家和工人之间的交换关系，仅仅成为属于流通过程的一种表面现象，成为一种与内容本身无关的、只是使它神秘化的形式。”[④] 并且资本与劳动的“平等”交换越广泛和越深入，劳动实质上从属于资本的权力关系就越凸显。

第二，在权力归属上，存在着劳动创造与资本占有的悖论。在资本主义生产关系中，“工人本身不断地把客观财富当作资本，当作同他相异己的、统治他和剥削他的权力来生产”。[⑤] 在社会化的生产过程中逐渐凝结的资本权力完全是由活劳动创造的，但这一权力却反过来成为“独立的”“异己的”权力统治活劳

---

① 马克思在分析资本主义原始积累的过程中，举例证明了超经济支配权力服务于经济支配权力的现实性。例如，在资本原始积累的过程中，“新兴的资产阶级为了‘规定工资’，即把工资强制地限制在有利于赚钱的界限内，为了延长工作日并使工人本身处于正常程度的从属状态，就需要并运用国家元素。这是所谓原始积累的一个重要因素”。参见：马克思恩格斯文集：第5卷［M］. 北京：人民出版社，2009，847.

② 马克思恩格斯选集：第3卷［M］. 北京：人民出版社，2012，21.

③ 从前资本主义时代绝对的人身依附关系到资本主义时代劳动力破除人身依附关系，实际上在权力类型的角度揭示了超经济支配权力在组织社会生产中的主导性地位被经济支配权力取代，超经济支配权力从属并服务于经济支配权力。正如马克思所讲的：“经济关系的无声的强制保证资本家对工人的统治。超经济的直接的暴力固然还在使用，但只是例外地使用。在通常的情况下，可以让工人由‘生产的自然规律’去支配，即由他对资本的从属性去支配，这种从属性由生产条件本身产生，得到这些条件的保证并由它们永久维持下去。”参见：马克思恩格斯文集：第5卷［M］. 北京：人民出版社，2009，847.

④ 马克思恩格斯文集：第5卷［M］. 北京：人民出版社，2009，673.

⑤ 马克思恩格斯文集：第5卷［M］. 北京：人民出版社，2009，659.

动。机器的资本主义应用便是这一悖论的最好证明。机器的应用非但没有帮助无产阶级缩短劳动时间，反而不断制造着过剩的劳动人口，并成为“把工人及其家属的全部生活时间转化为受资本支配的增殖资本价值的劳动时间的最可靠的手段”。① 无产阶级越努力工作，劳动生产率越提高，创造的劳动产品越积累，资本反过来支配无产阶级的权力便越膨胀，进而造成无产阶级的“悖论性贫困”。②

第三，在基本性质上，存在着社会属性与私人支配的悖论。资本权力具有鲜明的社会属性：一方面，资本的所有制权力能够以社会化的形式组织生产；另一方面，也表现为一种“交换”他人劳动的货币权力。但在现实中，资本权力被少数的资本家垄断，资本意志表现为资本家的私人目的，折射出资本主义关于“社会化生产和资本主义占有”③ 之间的根本矛盾。资本越积累，组织开展社会化大生产的权力越增强，资本主义的私人垄断性也就越凸显。《资本论》及其手稿中，“协作”概念的批判意蕴便证明了这一点。④

第四，在发展趋势上，存在着权力增强与权力消亡的悖论。首先，资本权力通过资本增殖而生成，资本增殖的过程又是资本积累的过程，所以资本权力的增强直观地表现为资本积累的运动。其次，资本主义的灭亡与利润率趋向下降规律紧密关联，因为“利润率的下降在促进人口过剩的同时，还促进生产过剩及投机、危机和资本过剩”。⑤ 而在马克思看来，“利润率的下降和积累的加

---

① 马克思恩格斯文集：第5卷［M］. 北京：人民出版社，2009，469.

② 王峰明. 悖论性贫困：无产阶级贫困的实质与根源［J］. 马克思主义研究，2016（06），71-79，160.

③ 马克思恩格斯文集：第9卷［M］. 北京：人民出版社，2009，288.

④《资本论》及其手稿中阐释的“协作”概念对资本权力具有深刻的批判指向。一方面，从协作过程来看，劳动协作消除了工人的独立分散性，并提高了资本权力对劳动过程的控制性。“资本使工人在生产中联合起来，这种联合一开始只在于有共同的地点，监工的监督，统一的规章制度，较严格的纪律，连续性和已经确立起来的在生产本身中对资本的依赖性。”参见：马克思恩格斯文集：第5卷［M］. 北京：人民出版社，2009，590. 另一方面，从协作结果来看，社会化的劳动协作所提高的劳动生产率反过来强化了资本权力，因为“雇佣工人的协作只是资本同时使用他们的结果。他们的职能上的联系和他们作为生产总体所形成的统一，存在于他们之外，存在于把他们集合和联结在一起的资本中。因此，他们的劳动的联系，在观念上作为资本家的计划，在实践中作为资本家的权威，作为他人意志——他们的活动必须服从这个意志的目的——的权力，而和他们相对立”。参见：马克思恩格斯文集：第5卷［M］. 北京：人民出版社，2009：384-385.

⑤ 马克思恩格斯文集：第7卷［M］. 北京：人民出版社，2009，270.

速，就二者都表现生产力的发展来说，只是同一个过程的不同表现”。[①] 一方面，资本积累促进劳动的进一步集中，提高资本有机构成，推动利润率的下降；另一方面，利润率的下降又推动大资本家吞并小资本家，从而反过来加速资本的集中。所以，资本权力越是随着资本积累而变强，便越陷入自相矛盾、自我否定的危机当中，权力的消亡是其最终的命运。

总体来看，资本权力的四大悖论环环相扣，层层递进，深刻揭示了资本权力的悖论性。作为资本权力的结构特性，悖论性不仅是形式逻辑上的正反命题，更是着力于刻画资本主义充满矛盾的剥削性生产关系。首先，生成过程的平等悖论显露出资本的拜物教性质[②]，并在权力归属的悖论中得到印证和强化。其次，资本权力在生成过程与权力归属上的悖论又共同决定了基本性质的悖论。这一悖论蕴含着资本主义的根本矛盾，显现出资本权力的内在限度。最后，资本权力受到其内在限度的根本限制。因此，权力的不断增强必然意味着权力的最终消亡。只有深入资本权力的悖论性，才能全面地理解资本权力的历史、现状与未来。

二、 资本逻辑与资本权力的辩证法纽带——兼驳割裂二者的学术观点

悖论性质揭示了资本权力的结构特性与内在限度，但资本权力不是静态的结构性权力，而是在动态的资本运动和社会变迁中实现对生产过程和社会生活

① 马克思恩格斯文集：第7卷［M］. 北京：人民出版社，2009，269.

② 这里的拜物教并非一般意义上对物的欲望与崇拜，而是揭示了资本主义生产关系的颠倒和异化性质，反映着马克思对资本主义拜物教的特殊界定，即人们自己的一定的社会关系在人们面前采取了物与物的关系的虚幻形式。参见：马克思恩格斯文集：第5卷［M］. 北京：人民出版社，2009，90.

的支配。具体而言，资本增殖运动的环节、规律和趋势被资本逻辑所刻画和概括。[①] 因此，资本逻辑与资本权力的关联方式是我们在动态性视角下理解资本权力的关键维度。本文认为，资本逻辑与资本权力在根本上通过辩证法的纽带紧密关联：一方面，从抽象上升到具体的辩证逻辑蕴含着二者的关联路径；另一方面，利润率与剩余价值率的辩证关系进一步揭示了二者的关联形式。

从思想史的脉络来看，辩证法的一般形式第一次被黑格尔自觉而全面地叙述出来，并成为马克思阐释资本逻辑的方法论资源。在黑格尔那里，“概念”作为实体与主体的统一，通过从抽象的普遍性上升到具体的普遍性的运动过程，最终实现了“纯存在”向“绝对理念”的思想飞跃。这一运动过程以“正题—反题—合题”为基本形式，是否定之否定的过程：从正题到反题，思想否定了自身的抽象性和虚无性，进而获得丰富而具体的规定性；从反题到合题，思想同时否定了正题与反题所具有的片面规定性，并最终走向合题。在思想史中，这一抽象上升到具体的辩证运动过程作为必然性与自由性的统一，同时具有认识论与自由论的双重意义[②]，但最终却被黑格尔自我意识的立场和形而上学的体系窒息。马克思积极地扬弃了辩证法的一般形式，将辩证法的本体论基础由自在自为的“绝对理念”转变为自我批判的“实在主体”[③]，并以此为前提，运用从抽象上升到具体的辩证方法，科学地阐释了资本运动的辩证结构。资本逻辑

① 关于“资本逻辑”的内涵，存在如下几种代表性观点：有学者从生态危机的总体性视角出发，认为效用原则和增殖原则构成了资本逻辑的两大原则。参见：陈学明．资本逻辑与生态危机［J］．中国社会科学，2012（11），4－23，203．有学者以生产关系的物化性质为基础，将资本逻辑视作物化的生产关系的资本自身矛盾运动的规律。参见：鲁品越，王珊．论资本逻辑的基本内涵［J］．上海财经大学学报，2013，15（05）：3－9．有学者从资本逻辑的基本内容及超越资本逻辑的角度出发，提出增殖逻辑、扩张逻辑和物化逻辑构成了资本逻辑的基本内容。参见：代金平．超越资本逻辑：社会主义基本经济制度的创新与发展［J］．马克思主义研究，2021（05），106－115，152．而在马克思恩格斯的文本中，实际上没有“资本逻辑”这一概念，但马克思运用了“不断运动的环节”“资本的规律”“资本的趋势”来表达相近的意思。综合并扬弃学界各家说法，以马克思的文本为基本依据，本文认为资本逻辑以增殖逻辑为核心内容，一方面是资本增殖的必经环节，另一方面是资本增殖内含的必然规律，并且这一规律规定着资本运动的客观趋势。

② 孙正聿．辩证法：黑格尔、马克思与后形而上学［J］．中国社会科学，2008（03），28－39，204．

③ 实在主体构成了马克思运用从抽象上升到具体方法的坚实基础，因而也是马克思辩证法的理论前提。在马克思看来，“从抽象上升到具体的方法，只是用思维来掌握具体，把它当作一个精神上的具体再现出来的方式。但绝不是具体本身的产生过程……实在主体仍然是在头脑之外保持着它的独立性，只要这个头脑还仅仅是思辨地、理论地活动者。因此，就是在理论方法上，主体，即社会，也必须始终作为前提浮现在表象面前”。参见：马克思恩格斯文集：第8卷［M］．北京：人民出版社，2009，25－26．

与资本权力也通过这一思想路径而决定性地关联起来。

首先，资本主体性是理解资本逻辑的关键前提。资本在社会结构中的支配地位尤其表现为一种主体性，并在资本支配劳动、资本增殖自身及资本主导社会生活等层面得以体现。[①]。这一主体性的获得经历了从商品到货币再到资本的否定之否定过程，也是从抽象上升到具体的转化过程：从商品到货币，是一般价值形式否定简单物物交换的过程，也是作为一般等价物的特殊商品从一般商品中分离出来的过程；从货币到资本，则是能够增殖的货币对僵死货币形式的否定，并且资本在增殖过程中不断否定自身，分化为金融资本、商业资本等特殊形态，从而成为“具体的总体”。

但如果只看到了资本外在的主体性，并完全将资本视作自我运动、自我增殖的神秘物，便陷入了资产阶级经济学的窠臼。马克思的深刻之处在于通过政治经济学批判，从物的运动形式中揭露生产关系的秘密，发现资本所蕴含的权力机制构成了资本增殖运动的真正源泉。资本逻辑的核心内容是资本增殖，即资本主义生产关系的不断再生产，但资本权力却否定了这种生产关系的一般性，并揭示了其剥削性的特殊性质。外在于资本的主体性实际上寄生于这种剥削性的权力关系，而在这种权力关系中，劳动过程不再是本质的对象化，而是“既表现为他人的客体性（他人的财产），也表现为他人的主体性（资本的主体性）”。[②] 因此，从资本逻辑到资本权力，是资本运动的外在形式和一般规律获得内在规定的过程，是资本拜物教的颠倒与异化性质得以显现的过程，也是从抽象上升到具体的辩证过程。这一过程的核心内涵便在于，“以商品生产和商品流通为基础的占有规律或私有权规律，通过它本身的、内在的、不可避免的辩证法转变为自己的直接对立物”。[③]

而在政治经济学批判视域内，资本权力本质上是对无酬劳动的支配权，其

① 张梧.《资本论》对黑格尔辩证法的透视与重构［J］. 哲学研究，2019（04），10－17，127.

② 马克思恩格斯文集：第8卷［M］. 北京：人民出版社，2009，121.

③ 马克思恩格斯文集：第5卷［M］. 北京：人民出版社，2009，673.

根本目的是用尽可能少的可变资本撬动更多的剩余价值。[①] 而“剩余价值率是劳动力受资本剥削的程度或工人受资本家剥削的程度的准确表现。”[②] 所以剩余价值率是反映资本权力大小的核心指标。资本逻辑的主要内容是资本增殖，而利润率刻画“全部预付资本的增殖程度”，[③] 因此利润率则是反映资本逻辑强弱的核心指标。所以，资本逻辑与资本权力的内在关联进一步被利润率与剩余价值率的辩证关系刻画。在马克思看来，利润率与剩余价值率之间存在着“质—量”的辩证关系，利润率是剩余价值率的转化形式。一开始，剩余价值与利润并无量上的不同，但当剩余价值通过“质”的形式变换，转换成利润，“剩余价值本身在它的这个转化形态即利润上否定了自己的起源，失去了自己的性质，成为不能认识的东西”。[④] 剩余价值率与利润率即产生了量上的差别，资本剥削的秘密也由此被遮蔽了。这是二者最为根本的关联形式，也决定了资本逻辑与资本权力的辩证关系，即资本逻辑寄生于资本权力，资本权力转化为资本逻辑。

但是，尽管利润率由剩余价值率转化而来，却不意味着利润率的高低完全被剩余价值率决定。一方面，剩余价值率的提高面临着生产伦理、工人生理及阶级斗争等多重限制；另一方面，资本有机构成也是影响利润率的关键因素，这一点在数学上得到了直观的体现：设不变资本为 c，可变资本为 v，剩余价值为 m，剩余价值率为 m'，资本有机构成为 α，利润率为 p'，那么：

① 这里容易引起一个理论质疑，即认为不变资本的增加能够吸纳更多劳动者，也能增加资本支配无酬劳动的量，进而增强资本权力。但这一质疑仅对局部时空的个别资本成立，无涉本文语境。因为总体而言，资本权力作为一种剥削性的权力关系，其根本目的并非谋求“量”的增加，或者说谋求资本“量”的增殖只是表象，而非本质。资本权力的根本目的在于维持其生命存续，即实现剥削性关系的不断再生产，并最大限度地保持无产者的相对贫困，使其无法成为有产者。马克思的论述佐证了这一观点：“生产过程和价值增殖过程的结果，首先表现为资本和劳动的关系本身的、资本家和工人的关系本身的再生产和新生产。这种社会关系、生产关系，实际上是这个过程的比其物质结果更为重要的结果。”参见：马克思恩格斯文集：第8卷［M］. 北京：人民出版社，2009，107。此外，从这一角度出发，资本就其本性而言是无法容忍“共同富裕”的。充分利用资本来实现“共同富裕”，实际上是一个值得商榷的命题，俟另文评述。

② 马克思恩格斯文集：第5卷［M］. 北京：人民出版社，2009，252.

③ 马克思恩格斯文集：第5卷［M］. 北京：人民出版社，2009，54.

④ 马克思恩格斯文集：第5卷［M］. 北京：人民出版社，2009，187.

$$m' = \frac{m}{v} \tag{1}$$

$$\alpha = \frac{c}{v} \tag{2}$$

$$p' = \frac{m}{c+v} \tag{3}$$

令（3）的分子分母同时除以 v，可得：

$$p' = \frac{m'}{1+\alpha} \tag{4}$$

在（4）中，利润率的变化便同时取决于剩余价值率与资本有机构成了。这里又引出了另一条政治经济学的关键规律，那就是随着资本有机构成的不断提高，剩余价值率将会表现为趋于下降的利润率。这一矛盾规律深刻表明了资本主义生产方式的历史性与暂时性，① 也预示着资本权力终将消亡的命运。

总结而言，资本逻辑与资本权力的辩证关联标示着一种理解资本的重要方法论：第一，资本逻辑与资本权力是一对紧密结合的结构体，一方的存在必然意味着另一方的在场，不能脱离一方来理解另一方，但二者之间也存在着严格的界分；第二，资本权力虽然不断增强，不断渗透，但不会无穷增大，并且受到资本逻辑内在矛盾的根本限制；② 第三，超越资本逻辑，必须要诉诸对资本权力的制约和消解。这一方法论为我们反驳如下几种错误论调提供了学理支撑：第一，忽视剩余价值率与价值率的本质差别，认为资本逻辑包含资本权力，造

---

① 这一点在经济现实中则反映为生产过剩的频繁高发及资本主义的周期危机。对此，马克思总结道：“资本主义生产的限制不是一般生产的限制，因而也不是这种独特的、资本主义的生产方式的限制。但是，这种资本主义生产方式的矛盾正好在于它的这种趋势使生产力绝对发展，而这种发展和资本在其中运动，并且只能在其中运动的独特的生产条件不断发生冲突。”参见：马克思恩格斯文集：第8卷［M］. 北京：人民出版社，2009，286.

② 马克思在《资本论》第一卷中对此有一段精辟论述可作佐证：“随着那些掠夺和垄断这一转化过程的全部利益的资本巨头不断减少，贫困、压迫、奴役、退化和剥削的程度不断加深，而日益壮大的、由资本主义生产过程本身的机制所训练、联合和组织起来的工人阶级的反抗也不断增长。资本的垄断成了与这种垄断一起并在这种垄断之下繁盛起来的生产方式的桎梏。生产资料的集中和劳动的社会化达到了同它们的资本主义外壳不能相容的地步，这个外壳就要炸毁了资本主义私有制的丧钟就要响了。剥夺者就要被剥夺了。”参见：马克思恩格斯文集：第5卷［M］. 北京：人民出版社，2009，874.

成二者混淆的不实论调；第二，不论资本权力最大限度剥削劳动者的根本目的，只强调资本“文明面”的片面论调；第三，忽视资本权力受到种种因素及资本逻辑内在矛盾的限制，只看到促进资本权力的因素，认为资本权力无穷增大的夸张论调；第四，完全将资本理解为自行运动的主体，寄希望于资本自行消亡的消极论调。这些错误论调在根本上犯了同一个错误，那就是割裂了资本逻辑与资本权力的内在关联。这提醒我们，只有正确理解了资本逻辑与资本权力的辩证关联，才能正确理解当代的资本与资本权力。

三、当代资本权力的支配模式与基本特征

人类迈入21世纪以来，当代资本主义的资本形态与运转模式日新月异，资本剥削和支配劳动者剩余价值的总体模式也在新的时空中不断嬗变。对当代资本权力的理论追问来源于两方面的理论需要：一方面，需要立足当代资本形态及其运动的过程，进一步检视资本权力的悖论性质及其与资本逻辑的辩证关联；另一方面，需要发挥资本权力批判的理论效应，进一步破除当代资本主义的新式拜物教，并在当今条件下积极探索制约和消解资本权力的可行路径。具体来看，当代资本权力的支配模式分别在生产要素、劳动过程、资本流通及劳动力再生产四个层面凸显出众多结构性变化。

第一，在生产要素层面，呈现为资本权力的数字化。诚如尼葛洛庞蒂所言，当今人类生活正在走向一种“数字化生存”，“原子”和“比特”的差异是理解当代境遇的重要维度。[①] 而“比特经济”的萌生与发展，也构成了理解当代资本权力的关键视域。在数字资本主义语境中，资本权力的数字化突出地呈现为一种生产资料层面的边界拓展。数字技术基础上形成的数字平台和信息产品在全方位嵌入资本主义生产、分配、交换及消费的过程中，越来越成为一种关键的生产要素，[②] 并且为私人资本所独占，成为支配无酬劳动的新手段，帮助资本将

① 尼葛洛庞蒂．数字化生存［M］．海口：海南出版社，1996，21.

② 刘皓琰．数据霸权与数字帝国主义的新型掠夺［J］．当代经济研究，2021（02），25－32.

剩余价值的来源从雇佣关系内部扩展到了广大的非雇佣群体。[①] 在数字平台当中，人们无酬地为平台生产和传播各类信息，大量的数字劳工成了为数字资本无酬工作的“产消者”。[②] 平台用户所生产的信息及其个人画像都被数字资本包装成具有商业意义的信息商品，作为一种信息化的虚拟生产要素，服务于其他商品的流通，从而提高资本的周转速度。可以说，资本权力的数字化进一步凸显了劳动创造与资本占有、社会属性与私人支配等悖论性质。资本支配无酬劳动的权力在数字劳动这里进一步获得了形式拓展和实质深化。数字化、格式化的信息产品反过来统治劳动者，当代人类生活在享受数字便利的同时也走进了新的异化境遇。

第二，在劳动过程层面，呈现为资本权力的智能化。马克思曾指出：“生产过程的智力同体力劳动相分离，智力转化为资本支配劳动的权力，是在以机器为基础的大工业中完成的。”[③] 而当代资本权力对劳动过程的控制凭借着智能算法更进了一步。如果说在大机器时代，劳动者至多是从属于机器体系的零部件，那么在智能算法时代，劳动者则彻底成为算法的傀儡。劳动者的工作内容、工作方式及工作绩效皆在智能算法的追踪、监督与操控之下（见图1）。智能算法非但没有为优化劳动条件和减轻劳动负担提供帮助，反而令剥削的强度在数字化的尺度与智能化的运营下得到了大幅提升。但这一切又恰恰又以形式上的自由和平等为外衣，深刻体现了形式平等与实质从属的权力悖论。以网约车平台的劳资关系为例，网约车司机在劳动过程的形式上表现为非固定雇佣和工作连续性的自主决策，但实质上却在工作的自我加压、全景式的工作监督、算法的计价和奖惩及群体无意识的困境中走向更深层次的实质从属。[④] 与此同时，人与人的社会关系被智能赋魅下的物与物关系遮蔽，推动了人们对智能技术的趋附

---

① 刘皓琰. 信息产品与平台经济中的非雇佣剥削［J］. 马克思主义研究，2019（03），67-75，160.

②“产消者”契合了数字资本主义中数字资本剥削对象的主体性质，这一概念由阿尔文·托夫勒在《第三次浪潮》中首次提出，包含双重内涵，一是指生产者同时又是自身产品的消费者，二是指生产过程与消费过程实现了融合。参见：阿尔文·托夫. 第三次浪潮［M］. 朱志焱，潘琪，张焱，译. 北京：新华出版社，1996，294.

③ 马克思恩格斯文集：第5卷［M］. 北京：人民出版社，2009，487.

④ 周绍东，武天森. 个体自由与集体禁锢：网约车平台的劳资关系研究［J］. 河北经贸大学学报，2021，42（02），43-54.

和崇拜，一种寄生于资本主义生产关系的“智能拜物教”① 也在此基础上得以生长起来。只有深入资本权力的悖论性质与辩证结构，才能透视其内在本质。

图 1：智能算法对劳动过程的控制机制②

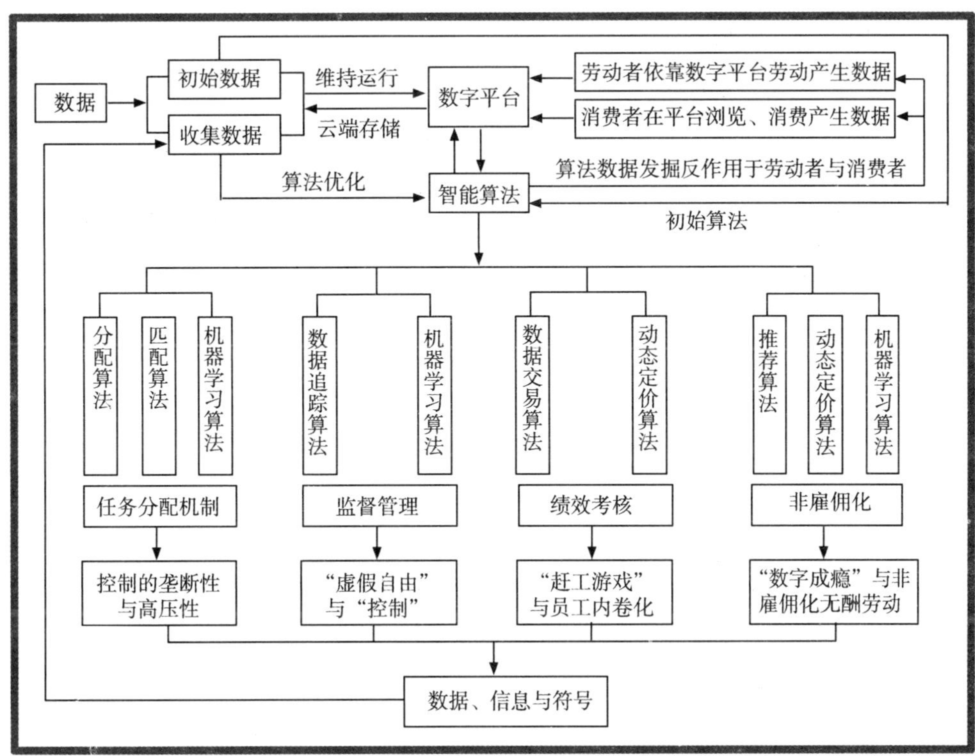

第三，在资本流通层面，呈现为资本权力的金融化。马克思指出了利息中体现的资本权力：“利息本身正好表明劳动条件作为资本而存在，同劳动处于社会对立中，并且转化为同劳动相对立并且支配着劳动的个人权力。利息把单纯的资本所有权表现为占有他人劳动产品的手段。”③ 在大卫·科茨看来，“金融化”取代了“金融统治”，④ 能够准确反映近几十年来金融在经济中的地位演变，

---

① 周露平．智能拜物教的哲学性质与批判超越［J］．哲学研究，2021（08），41－50．

② 杨善奇，刘岩．智能算法控制下的劳动过程研究［J］．经济学院，2021（12）：31—40．

③ 马克思恩格斯文集：第 7 卷［M］．北京：人民出版社，2009，429．

④ 需要澄清的是，资本的金融化不同于金融资本，二者主要有三方面的根本差异：在形成原因上，前者是由多样化的金融机构塑造的，其中非银行金融机构发挥了主导性作用，而后者是由单一的大银行塑造的；在与产业关系上，前者在资本金融化中仅提供融通资金和风险管理功能，并不直接干预企业运营，而后者是银行资本直接控制产业发展；在产业发展上，前者导致多样化、个性化生产，而后者导致产业垄断。参见：任瑞敏．资本形态演变中的金融逻辑——基于资本在生产与流通中的限制分析［J］．马克思主义与现实，2017（05），24－30．

揭示了金融在经济活动中的扩张性作用。[①] 这一点集中在信用的扩张和预期收益的资产所有权转让上，具体表现为债券、股票、期货、抵押、外汇及金融衍生品等类型的交易在经济活动中的重要性与日俱增，企业的利润日益来源于金融渠道。而金融化一方面加速了资本流通，缓解了资本过剩，大幅推进了资本权力的全球扩张；另一方面又因为过度的信贷扩张导致经济生活的泡沫驱动和脱实向虚，近年来新自由主义的困境与逆全球化思潮的涌起反映了金融化带来的困境。在社会层面，商品的金融化（见图2）对社会生活的渗透更是将对无产者的剥削扩展到了日常生活的方方面面。养老、医疗、教育、住房等社会保障被卷入资本扩张的环节，无产者在承受着资本流通风险的同时也将自身消费基金的使用整合到了生息资本的流通中。[②]

图2：商品向不同层级金融品的金融化演化过程[③]

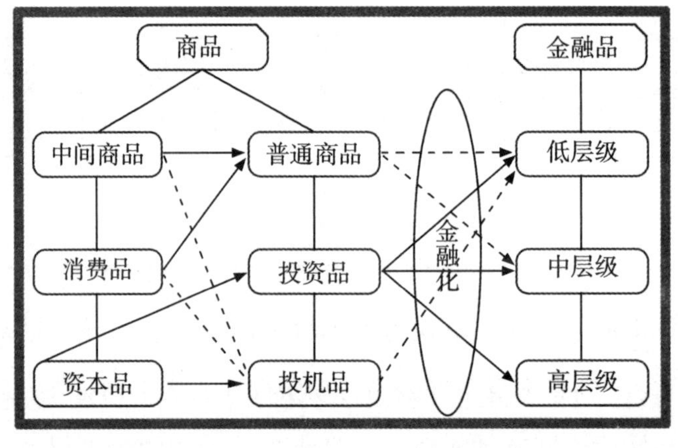

第四，在劳动力再生产层面，呈现为资本权力的主体化。这并不是说资本权力具有某种自行运动、自我增强的神秘性质，而是凸显了当代劳—资关系的一种特殊现象：在雇佣关系中，劳动者的主体性空前增强，主动将资本的意志化作自己的欲望，逼迫自身不断地投入劳动，生产更多的剩余价值，甚至从

① 大卫·科茨，孙来斌，李轶．金融化与新自由主义［J］．国外理论动态，2011（11），5－14．
② 大卫·哈维．资本的限度［M］．许瑞宋，译．北京：中信出版社，2017，369．
③ 张成思．金融化的逻辑与反思［J］．经济研究，2019，54（11），4－20．

“他者剥削”走向“自我剥削（self - exploitation）”[①]，乃至于实现“互相剥削”。有学者以“主体性过剩”来概括这一现象，并从工人阶级政治力量的衰落、资本过剩导致的劳动过程重构、金融化趋势的扩散、劳动力市场环境的变化及国际产业分工的变化等维度分析了这一现象的结构性成因。[②] 对资本权力的生成而言，资本支配无酬劳动的主体性似乎被劳动者主动接纳了，劳动者不仅在劳动过程中生产出“资本的主体性”，也在劳动力再生产中主动塑造着自身的“主体性”，但表面的肯定性下潜藏着深刻的“被剥夺”与“否定性”。一方面，资本过剩与劳动竞争逼迫着劳动者成为完全被资本驯服的主体，资本权力到处都树立起同一性的尺度，企图从任何有可能挖掘出利润的间隙中找到缓解资本固有矛盾的机会；另一方面，新兴技术和资本全球扩张并没有让资本主义看到真正解决问题的药方，表面矛盾的缓和又持续深化着资本逻辑的内在矛盾。

总体来看，资本权力的数字化、智能化、金融化及主体化构成了当代资本权力支配模式的基本特征，共同体现着当代资本权力的控制性、隐蔽性及渗透性。“过劳”“内卷”“躺平”成为描述当代主体的关键词。资本主义应对过剩和躲避危机的缓兵之策无法掩盖深层矛盾，尽管催生了诸多新型的资本主义拜物教，但也在新的地平线上折射出消解资本权力的共产主义曙光。

四、结语

本文从资本权力的结构特性与内在限度出发，并在政治经济学批判视域中分析了资本逻辑与资本权力的辩证法纽带，论述了当代资本权力的支配模式与基本特征。通过上述分析，以资本逻辑与资本权力的辩证关联作为方法论，可以得出以下的延伸思考：共产主义的构建必然以资本权力走向瓦解为号角，但这一过程必然是制约资本权力和消解资本权力的辩证统一。一方面，彻底消解

---

① 在韩炳哲（Byung - Chul Han）的《倦怠社会》（The Burnout Society）中，功绩主体是“肯定性社会”中一种重要的主体类型，现代社会的功绩主体宛如普罗米修斯，作为一种自我剥削式的主体被一种永无止境的倦怠感攫住，他是倦怠社会的原初喻象。参见：韩炳哲．倦怠社会［M］．王一力，译．北京：中信出版社，2019，1.

② 夏莹，牛子牛．主体性过剩：当代新资本形态的结构性特征［J］．探索与争鸣，2021（09）：148 - 158，180.

资本权力必将是个螺旋上升的长期过程，不能一蹴而就；另一方面，也不能消极等待资本的自行灭亡，放任资本“野蛮生长”，而要积极地制约资本权力。但若只在法权层面制约资本权力，虽然能够缓和劳动者的现实困境和资本逻辑的激烈矛盾，却也为根本矛盾的深化与激化留下隐患。合理的方法是循序渐进、由点到面地重建个人所有制，做大做强公有力量。只有这样才能逐渐抗衡、消解资本权力。这一过程既是公有制经济有计划生长并展现多维效益的过程，也是公有力量与资本权力和资本逻辑进行斗争和博弈的过程。马克思资本权力批判能够有机地实现哲学、政治经济学及科学社会主义的视域融合，理应在这一过程中发挥更为积极的理论效应。

参考文献

1. 马克思. 资本论［M］. 北京：人民出版社，2018.

2. 马克思恩格斯选集［M］. 北京：人民出版社，2012.

3. 马克思恩格斯文集［M］. 北京：人民出版社，2009.

4. 列宁选集［M］. 北京：人民出版社，2012.

5. 韩炳哲. 倦怠社会［M］. 王一力，译. 北京：中信出版社，2019.

6. 大卫·哈维. 资本的限度［M］. 许瑞宋，译. 北京：中信出版社，2017.

7. 尼葛洛庞蒂. 数字化生存［M］. 海口：海南出版社，1996.

8. 阿尔文·托夫. 第三次浪潮［M］. 朱志焱，潘琪，张焱，译. 北京：新华出版社，1996.

9. 陈广思. 结构、权力与方法：论马克思的所有制思想——兼论历史唯物主义的若干命题［J］. 中国社会科学，2020（01），4－29，204.

10. 王峰明. 悖论性贫困：无产阶级贫困的实质与根源［J］. 马克思主义研究，2016（06），71－79，160.

11. 孙正聿. 辩证法：黑格尔、马克思与后形而上学［J］. 中国社会科学，2008（03），28－39，204.

12. 张梧.《资本论》对黑格尔辩证法的透视与重构［J］. 哲学研究，2019（04），10－17，127.

13. 刘皓琰．数据霸权与数字帝国主义的新型掠夺［J］．当代经济研究，2021（02），25－32.

14. 刘皓琰．信息产品与平台经济中的非雇佣剥削［J］．马克思主义研究，2019（03），67－75，160.

15. 周绍东，武天森．个体自由与集体禁锢：网约车平台的劳资关系研究［J］．河北经贸大学学报，2021，42（02），43－54.

16. 周露平．智能拜物教的哲学性质与批判超越［J］．哲学研究，2021（08），41－50.

17. 杨善奇，刘岩．智能算法控制下的劳动过程研究［J］．经济学家，2021（12），31－40.

18. 任瑞敏．资本形态演变中的金融逻辑——基于资本在生产与流通中的限制分析［J］．马克思主义与现实，2017（05），24－30.

19. 大卫·科茨，孙来斌，李铁．金融化与新自由主义［J］．国外理论动态，2011（11），5－14.

20. 张成思．金融化的逻辑与反思［J］．经济研究，2019，54（11），4－20.

21. 夏莹，牛子牛．主体性过剩：当代新资本形态的结构性特征［J］．探索与争鸣，2021（09），148－158，180.

（作者单位：武汉大学马克思主义学院）